AF453844

L'ENFANT
DU
CARÊME.

Le tocsin sonne, l'allarme se répand....

L'ENFANT

DU

CARÊME.

Par MM. FLÉCHÉ et BERNARD.

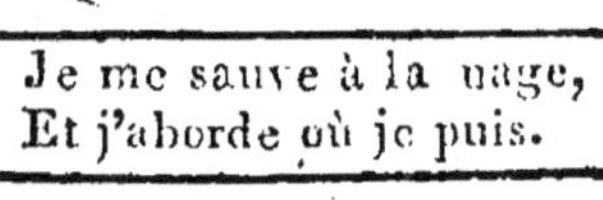

TOME PREMIER.

* * *
* *
*

A PARIS,

Chez

RILLIOT, imprimeur, rue Saint-Antoine, n°. 324, hôtel Beauvais ;

BORDET, libraire, boulevard Italien, n°. 35, près la rue de la Loi ;

PILLOT, libraire, sur le Pont-Neuf, n°. 5.

An XII (1803).

TABLE
DES CHAPITRES
DU
PREMIER VOLUME.

FIN DE LA TABLE.

PRÉFACE.

Combien de gens vont être surpris en achetant ce livre, quand, après en avoir lu seulement vingt pages, ils n'y trouveront ni tombeaux, ni spectres, ni squelettes, ni mystères !...

Mais, messieurs les auteurs (c'est le libraire qui parle), pourquoi n'avoir pas mêlé adroitement dans votre roman quelques-unes de ces scènes de brigands qui se passent communément dans de vieux châteaux ruinés, habités quelquefois par des esprits, des larves et des vampires ? --- C'est que nous n'écrivons point un roman, Bernardin a existé, peut-être même existe-t-il encore, et tout ce que nous rapportons dans cet ouvrage lui est personnellement arrivé. — Tant pis, messieurs, tant pis : vous devez savoir qu'aujourd'hui un livre n'a de mérite que quand il fait peur, et qu'on appréhende de l'ouvrir lorsque l'on se trouve seul. — Ne peut-on amuser sans effrayer ? Faut-il pour plaire ne produire que des sensations désagréables, et n'est-il pas plus doux de voir des fleurs que des ossemens ? — Tout cela est fort bien ; mais la vente sera moins certaine, rien de moins sûr que la réimpression ; les figures des frontispices n'intéresseront que médiocrement.... — Que nous importe, nous n'écrivons pas pour la postérité ; nous n'aspirons pas même à l'honneur d'être critiqués par l'impartial abbé G.... ; trop heureux si cet ouvrage , après avoir figuré pendant quelque tems sur la toilette d'une de nos élégantes, et avoir été déchiré feuille à feuille par Carline, jolie petite chienne, est ramassé proprement et peut servir ensuite à faire des papillottes à quelque tête vuide de sens, mais qui possède de beaux cheveux artistement arrangés à la grecque. Ne sait-on pas qu'un roman de deux volumes, orné de diableries, d'assassinats, d'incestes, de parricides, et de tout ce que l'enfer inventa de plus horrible, s'achète au poids de l'or ? Cependant, où est la peine d'écrire de semblables sottises? les écarts de l'imagination y tiennent lieu d'idées neuves, et l'on peut y rapporter des faits bizarres, annoncés dans tel ou tel tems, sans crainte d'être accusé d'anachronisme. Notre but est de ramener le lecteur au goût du vraisemblable, et si nous réussissons à la millième partie de nos souhaits, que nous importe, encore un coup, le sort de notre ouvrage!

L'ENFANT

DU

CARÊME.

<CHAPITRE PREMIER.

Mon origine.

Monsieur *Samuel*, homme jadis fort dévot, après avoir écrit et raisonné pendant vingt ans sur la théologie, ne croyait plus en Dieu : c'est pourquoi il affectait de suivre un régime tout opposé à celui qu'il avoit professé jusqu'alors. Les heures de prières publiques devinrent celles de ses repas ; il allait aux spectacles et aux promenades lorsque chacun prenait le chemin des temples, et les jours d'abstinence étaient pour lui des jours de débauches.

Depuis quelques années, il avait coutume de tenir table pendant tout le carême, et d'y faire servir à grands frais les mets les plus succulens. Ce fut dans un de ces momens d'orgies, que *Julie*, jolie gouvernante de M. *Samuel*, s'oublia, et perdit en un seul instant le fruit de dix-huit ans de sagesse. Au dessert, M. *Samuel* avait fait apporter les vins d'Espagne les plus délicieux: *Julie* les goûta, *Julie* les trouva exquis.... Elle devint tendre et voulut se retirer... M. *Samuel*, sans s'occuper de sa compagnie, suivit *Julie*, et l'on ne s'apperçut de son absence, que lorsqu'il rentra pour reprendre sa place parmi les convives, qui commençaient à déraisonner.

On se sépara : la nuit vint offrir le repos, et rendre le calme à tous les acteurs de la scène que je viens de décrire : le lendemain *Julie* entra dans le boudoir de son maître, elle apperçut le sopha sur lequel.... Dieux ! s'écriat-elle.... voici le trône de mon déshonneur !.... Malheureuse faiblesse ! funeste condescendance aux volontés d'un perfide, qui a abusé de l'état où je me suis trouvée!...

Elle en eût dit bien plus encore, si M. *Samuel* qui l'entendit, ne fut accouru pour lui offrir des consolations : *Julie* voulait sortir ; mais il la pressa, la conjura de rester encore pendant quelque tems chez lui, on dit même qu'il tomba à ses pieds en pleurant!... O qu'un amant téméraire est aimable, quand il est aux genoux d'une femme! *Julie* s'appaisa, le releva, promit de demeurer et l'on ne parla plus de rien.

Elle s'apperçut bientôt qu'elle était enceinte ; elle en fit part à M. *Samuel*, qui cacha sa grossesse, et qui, pour éloigner tout soupçon, reprit pendant quelque tems les exercices spirituels qu'il avait tout-à-fait abandonnés.

Cependant, je naquis. M. *Samuel* s'empara de moi, me remit entre les mains d'une vieille à ses gages, en lui

ordonnant de me porter sur-le-champ...
Lecteur, devinez où ?... aux *Enfans-
trouvés*. Ma mère entendit apparem-
ment cet ordre barbare : elle s'écria,
qu'on eût à lui rendre son enfant, ou
qu'elle se précipiterait de son lit, pour
m'arracher des bras de ceux qui voulaient ma perte.... M. *Samuel*, de quelque façon qu'il s'y prît, ne put lui
rendre son premier calme, qu'en sous-
crivant à ce qu'elle exigeait. Je lui fus
donc rendu. Elle voulait me nourrir;
mais M. *Samuel*, qui n'avait point renoncé à son projet, gagna le médecin
et ses consorts, tous se liguèrent pour
lui faire entendre qu'elle ne le pouvait
sans danger pour sa vie, et on lui déclara, d'un air mystérieux, que si elle
s'obstinait à vouloir être ma nourrice,
elle n'avait pas un mois à vivre.

Toutes ces considérations engagèrent
ma mère à me confier à une femme
qu'on habilla en nourrice, et qu'on se

garda bien de lui annoncer comme venant de la part de M. *Samuel*: on la lui présenta en cachette, et elle fut trompée à l'air de bonne foi qu'affecta cette femme.

Notre séparation fut cruelle : ma mère me tint long-tems pressé contre son cœur, m'accabla de caresses, et enfin, après avoir fait jurer à la fausse nourrice qu'elle ne révélerait jamais à M. *S amuel* le lieu qui me recélait, cette dernière partit... non pas pour la campagne, comme ma mère le pensait; mais pour les *Enfans-trouvés*, où elle me déposa, par l'ordre exprès de mon bon père.

6

CHAPITRE II.

Mon entrée dans le monde.

LE Lecteur trouvera bon que je commence ce chapitre, non pas par les détails d'usage, c'est-à-dire ceux où l'on expose amplement les jeunes ans et l'éducation de son héros ; mais par les premiers pas que je fis dans le monde. Outre que les préliminaires, de quelque espèce qu'ils soient, sont ordinairement ennuyeux, ils donnent mauvaise opinion de l'ouvrage, font báiller ceux qui le lisent, et lorsque cette épidémie de bâiller a lieu dans les premières pages, on est tout étonné de ce qu'on fait le même manége jusqu'à la fin du dernier volume....

Je dirai donc tout naturellement qu'à l'âge de seize ans, je sortis de mon hôtel des *Enfans-trouvés*, où, contre l'usage, on m'avait donné d'assez bons principes, et une théorie raisonnée de la vaste carrière où j'allais me lancer: il ne me manquait que la pratique; c'est ce que je me proposais d'acquérir bientôt.... Mais que faire en entrant dans le monde ? où trouver de quoi satisfaire mon appétit à venir ? de quel côté chercher un toît qui voulût généreusement me recevoir, lorsque la nuit m'obligerait de chercher du repos ?

Je faisais quelques réflexions à ce sujet, quand je me ressouvins d'une dame, qui, depuis mon enfance, avait témoigné beaucoup d'intérêt pour moi, en me recommandant souvent aux chefs de l'établissement que je quittais. J'avais heureusement son adresse, et je courus chez elle. Elle me fit l'accueil le plus gracieux, et me commanda de m'asseoir près d'elle, en me demandant le sujet de ma visite. Je lui expliquai très-pathétiquement que l'amour-propre, et peut-être quelque chose de plus, m'avaient engagé à quitter un endroit pour lequel je n'étais pas né, et que je me recommandais à elle, pour quelque emploi, qui fût à ma portée. Elle réfléchit un moment, puis me dit: j'ai ce qu'il vous faut; c'est une excellente place que mille jeunes gens briguent, et que je puis vous procurer, parce que celui à qui je veux la demander n'a rien à me refuser.... Je baisai la main de la dame; elle parut enchantée.... Cinq heures sonnèrent: voici, me dit-elle, l'instant où nous le trouverons chez lui, suivez-moi. J'obéis, et après un quart d'heure de marche, nous arrivâmes chez le prieur du couvent des Capucins.

En entrant, la dame *Ste.-Nitouche*, (elle se nommait ainsi) fit une profonde révérence et je l'imitai: Très-saint homme, lui dit-elle, voici un jeune adolescent, beau comme un astre, sage comme une fille, et savant comme un archevêque : il serait dans le cas d'être secrétaire du Saint-siége , tant il fait bien une homélie , un sermon , et une antienne ; il sait par cœur tout *Voltaire* , les *Confessions de St.-Augustin*, et l'*Antiphonier*. Ses parens sont nobles , et je réponds de lui comme de moi-même. J'ai cru à propos de vous le présenter , persuadée que ce serait un meurtre de le laisser se confondre parmi la classe des petits-maîtres , que sa voix est beaucoup plus propre à chanter au lutrin , le *Salve Regina* , que l'*Enfant chéri des dames*, et qu'il fera mieux d'assister journellement aux offices de l'église , qu'aux représentations de l'opéra-Buffa.

C'est très-bien penser , dit le moine , et puisque c'est vous , ma chère madame *Ste.-Nitouche*, qui me le proposez , j'accepte volontiers. J'espère vous voir sous quelques jours et vous rendre compte de son dégré de capacité , et de son aptitude au travail pour lequel je veux le former.

Ma protectrice fit une seconde révérence, plus profonde que la première, me recommanda d'être sage, en passant sa main sous mon menton, et disparut; le saint homme la suivit, et j'entendis qu'il embrassait avec ardeur.... quoi?... sans doute une croix d'or que la dame avait au cou, et qu'il n'avait cessé de regarder pendant l'entretien....

Il rentra, et commença par me questionner. » — Comment vous nommez-vous ? — Bernardin. — Quelle est votre profession ? — Je n'en ai aucune. — D'où venez-vous ? — D'un hôtel immense, où jusqu'ici j'ai été élevé. — D'un hôtel immense!..... vous êtes donc de bonne famille? — J'ose m'en flatter. — Et comment en êtes-vous sorti ? — Dispensez-moi, je vous supplie, d'en faire l'aveu. — Ah! j'entends, quelques écarts de jeunesse ; mais n'en parlons plus ; vous serez fort bien avec moi , et comme vous n'êtes pas au fait de nos usages , voici une petite cédule, sur laquelle vous pourrez lire à toute heure du jour les devoirs qui vous seront imposés.... Que ce mot ne vous effraie pas, mon ami ; votre prédécesseur n'avait que dix ans, et le drôle s'acquittait à merveille de son emploi : il était proche parent d'une nièce que j'avais alors près de moi, et que des circonstances imprévues m'ont forcé d'éloigner.... Je vous dirai tout cela plus tard, car maintenant, il faut que je sorte pour le salut des fidèles et la direction de leur conscience ; je serai de retour dans deux heures, si quelqu'un vient, qu'on m'attende.

CHAPITRE III.

Méprise, découverte.

JE déployai le papier que m'avait remis l'homme de Dieu, et je m'attendais à y voir tracées toutes les obligations que je contractais... Mais qu'on juge de ma surprise, lorsque je n'y lus que ces mots : « *Il me sera absolument impossible, mon cher Ambroise, de me trouver au rendez-vous que vous m'avez indiqué; le porteur du présent vous en dira la raison, et vous instruira en même tems du lieu où nous pourrons désormais nous entretenir, sans crainte d'être surpris. Votre compagne inséparable,*

AMÉLIE ».

Il n'était pas possible que le prieur eût voulu d'abord me mettre dans une semblable confidence; d'ailleurs, cette manière ne pouvait qu'être repoussante, et lorsqu'on a le dessein d'initier un jeune homme dans des mystères qu'il est loin de pénétrer, on s'y prend avec plus d'adresse, en lui offrant première-ment le beau côté d'une action qu'on sent mériter la censure et le blâme uni-versels. Ce ne pouvait donc être qu'une méprise. Quoiqu'il en pût arriver, je me préparai à me tirer adroitement de cette affaire, en cas qu'on voulût me faire un crime du secret que j'avais pénétré sans le vouloir.

Je songeais au moyen dont j'userais pour cet effet, lorsqu'on frappa rude-ment à la porte, je courus ouvrir.

« — Où est-il, ce fripon d'*Ambroise*? — Madame, le prieur des Capucins n'est point un fripon. — C'est un avare, un ladre, qui me doit trois années de gages, et qui n'a pas eu l'honnêteté de me les payer, depuis quinze jours que je suis sortie de chez lui... »

C'était la prétendue nièce, dont le prieur m'avait parlé; elle jettait feu et flamme contre son *oncle*, et ne paraissait pas fort disposée à cacher ses défauts, qu'elle révélait avec toute la franchise et le babil dont son sexe est susceptible.

— « Imaginez-vous, mon cher enfant, continua-t-elle, en m'adressant la parole, que j'avais un fils... (*elle se réprit*) je veux dire un filleul, qui n'avait pas plus de dix ans, et qui faisait ici autant de besogne que sa mère... (*elle se reprit encore*) que sa marraine : il balayait le chœur à huit heures; à neuf heures, il sonnait la grande-messe; à dix heures, il allumait les cierges ; à onze heures, il faisait l'ouvrage de la sacristie ; à midi, il dînait ; à une heure, il montait au clocher pour carillonner ; à deux heures, il sonnait les premières vêpres ; à trois heures, il soufflait l'orgue ; à quatre heures.... — O quelle kyrielle!.... Je ne le vois que trop ! Voilà l'occupation qu'on me destine ; ce que vient de me dire cette femme m'en apprend plus que n'auraient pû le faire toutes les cédules du monde !... — Comment, c'est vous qui remplacez.... — Oui ; moi-même, et quoique plus âgé que votre fils...... (*je me repris à mon tour*) que votre filleul, (*elle rougit*) je ne sais si je pourrai jamais m'habituer à ce genre de travail. — Oh! il le faudra bien ; monsieur *Ambroise*, je le vois, ne vous est pas connu ; c'est l'être le plus faux, le plus vindicatif, le plus brutal.... »

Elle allait en dire beaucoup plus ; mais le moine rentra, et sa présence lui fit baisser le ton : de méchante et d'acariâtre qu'elle m'avait paru, elle devint douce comme un agneau.—Bonjour monsieur *Ambroise*...... — Mot. —En quel état est votre santé?—Bonne. — Point d'indigestion depuis mon départ ? — Non. — Point d'insomnie? — Non : mais que venez-vous chercher ici? — Monsieur le sait bien; c'est un

8

rien; une petite dette... — Je ne dois
rien. — Vous me permettrez de vous
dire que vous me devez mes gages de
trois années de service, où, près de
vous, je me suis tué le corps et l'âme....
— Encore un coup je ne dois rien. —
Quand ce ne serait que le port de quelques billets doux.... — Chut! nous exa-
minerons cela plus amplement une
autre fois ; revenez me voir dans quelques jours. — Je n'y manquerai pas ;
adieu, monsieur *Ambroise*; que je suis
étourdie ; j'oubliais qu'il fallait vous
appeller *mon oncle*..... Puis se tournant
de mon côté : adieu mon jeune monsieur ; vous ne manquerez pas d'être
bien ensemble ; vous êtes gentil, et mon
oncle aime la jeunesse.....! Je vous en
avertis.... Adieu, *mon oncle* ».

Elle avait prononcé ces derniers mots
sur un ton qui aurait donné à penser à
tout autre qu'à un novice de seize ans
qui ne connaît pas le monde ; moi j'y

lis peu d'attention ; j'examinai plutôt
l'air sombre et rêveur de mon nouveau
maître, il avait pris un masque hypo-
crite que je ne lui connaissais pas encore : j'ignorais que ses semblables se
font une étude particulière de cet art,
et que l'air sous lequel on les voit, n'est
jamais celui sous lequel on les devrait
voir.

Je devinai facilement qu'il s'était apperçu de la méprise, et que, trouvant
sur lui la cédule qu'il croyait avoir mis
entre mes mains, il ne voyait pas avec
plaisir que son secret fût surpris, dans
un tems sur-tout, où il lui importait de
le cacher, cependant je résolus de le
tirer d'inquiétude : mais ce n'était pas
à moi de commencer l'entretien ; j'at-
tendis donc qu'il me parlât le premier,
ce qu'il fit en ces termes : « — Eh bien !
Bernardin, avez-vous lû le petit papier
que je vous ai remis tantôt ?... — Non,
mon père.... — Comment, vous ne l'avez

pas lu? — Je l'avoue; mais je vous prie de me pardonner cette négligence.... et en même tems je tirai le papier, que je feignis de développer...: — Non, non, s'écria le moine avec vivacité, en me l'arrachant des mains.... — Permettez-moi de réparer une faute involontaire.... — Je ne le souffrirai pas, vous dis-je; j'ai réfléchi qu'une cédule de ce genre vous convenait peu; je préfère vous dicter de vive voix mes volontés, pourvu que cela vous convienne ».

Je l'assurai que ses moindres desirs seraient pour moi des ordres; le prieur reprit sa gaité ordinaire. La nuit vint, il me donna le baiser de paix, et nous nous quittâmes fort contens l'un de l'autre.

CHAPITRE IV.

Scène nocturne.

On m'avait désigné une petite cellule voisine de celle des moines; ce fut là que, pour la première fois, je reconnus que cette classe d'homme endurait quelquefois des privations : car la cellule était si étroite, la croisée si mal vîtrée, et le lit dégénérait si fort en grabat, que je me promenai long-tems en long et en travers, avant de savoir si effectivement je me déterminerais à profiter de la nuit pour jouir du repos que goûtait déjà plus d'un moine.

Ayant enfin pris mes résolutions, dans la nécessité où j'étais de les prendre, je me préparais à me jetter tout habillé sur mon lit, et j'avais déjà éteint ma lampe à ce sujet, quand j'entendis frapper doucement à ma porte.... J'allais ouvrir; mais un second

bruit semblable au premier se fit entendre sous mes pieds; surpris, je ne
savais que penser, lorsque j'en entendis
autant au-dessus de ma tête; je regardai par la serrure, et ne voyant personne ni point de lumière, je commençais à m'effrayer; mais ce fut bien pis,
quand, m'étant étendu sur le grabat
en question, on frappa de tous les côtés
de ma cellule; immobile, et n'ayant
plus de sang dans les veines, j'étais ab-
sorbé; au même instant une lumière
parut dans ma cellule, et je vis, non
sans effroi, trois moines qui s'examinaient avec surprise.... J'allais leur
demander la raison de tout ceci, lorsque le père *Ambroise* entra. Son étonnement parut extrême, en voyant les
trois moines, qui pâlirent dès qu'ils
l'apperçurent. — « Que venez-vous chercher ici à cette heure, leur demanda-
t-il d'un ton sévère ? » — Aucun d'eux
ne répondit. Il les renvoya dans leur cel-

lule, en leur disant à l'oreille quelques mots que je n'entendis pas bien, mais qui me semblèrent avoir la force d'un talisman, puisqu'ils baissèrent les yeux, et s'enfuirent au plus vîte par où ils étaient venus, c'est-à-dire par une fausse porte et deux trappes qui existaient dans ma cellule, et que je n'avais pas remarquées.

Lorsqu'ils furent partis, le prieur quittant le ton sévère, s'approcha de moi: « — Eh! bien, mon ami, que pensez-vous de l'insolence de ces fripons?... Ah! je leur apprendrai à me connaître, et demain, un châtiment exemplaire fera frémir ceux de nos moines qui voudraient à l'avenir tenter une semblable entreprise: Savez-vous bien, mon ami, à quel péril vous étiez exposé? — Non, mon père.... — Si vous en étiez instruit, vous en seriez épouvanté.... Votre pouls cesserait de battre, et le cœur, ce viscère si noble, serait glacé. — Vous m'effrayez; est-ce qu'il voulaient m'assassiner? — Non, mon enfant, dit-il, en riant, mais ils vous auraient fait pis, ils n'ont point de poignards, mais les armes dont ils se servent sont plus dangereuses même que cet instrument; les poignards tuent le corps, et leurs traits tuent l'âme. Ah! mon fils, combien je me sais gró de m'être trouvé ici à propos pour vous sauver du précipice!...,,

Je l'écoutais sans proférer une parole, et je le soupçonnais d'être fou; son discours suivant ne fit que confirmer mes doutes:

«— Mon enfant j'ai une grâce à vous demander. : — A moi, mon père, une grace.... — Oui; je ne sais quel attrait a pour moi votre cellule. Permettez moi d'y passer la nuit. — N'est-ce que cela, mon père? J'y consens bien volontiers; je vais attendre le jour sur un siège. — Non, je ne prétends pas vous déranger; faites-moi seulement une petite place à vos côtés... — A mes côtés ; mais vous serez fort mal. — Je vous assure que j'y serai à ravir ».

Il se mit donc près de moi.

« — Etes-vous du sentiment de ceux qui croient que c'est un crime de s'aimer, continua-t-il ? — Non, mon père, au contraire, j'ai toujours entendu dire que l'amitié était le seul bien véritable qui était offert aux hommes. — Quelle innocence !.... En ce cas, mon fils, je ne crains plus de vous dire que je vous aime, que toute ma vie..... »

Le prieur fut interrompu par un grand bruit qui se fit entendre dans le corridor : c'est un fourbe, disait-on ; il défend aux autres ce qu'il brûle de faire lui-même ; mais monseigneur l'Archevêque arrive demain, et nous lui rendrons compte de la conduite d'un supérieur indigne du titre qu'il porte, et qu'il ne mérita jamais..... Le bruit redoubla, et bientôt après, on n'entendit plus qu'un murmure confus, qui, en s'éloignant par dégrés, ramena le silence le plus morne....

« — Je suis perdu, dit enfin le moine.. Adieu, mon fils; il m'est impossible de demeurer plus long-tems avec vous; et il se retira sur la pointe du pied ».

CHAPITRE V.

Emploi de la nuit, découverte.

JE profitai de son absence pour visiter ma cellule, à la lueur de ma lampe lugubre, et je reconnus qu'en effet, il était impossible d'appercevoir la trace des fausses portes et des trappes, lorsqu'elles étaient exactement fermées.

J'avais déjà parcouru d'un œil curieux tous les recoins de mon réduit, lorsque, par le plus grand hazard du monde, j'apperçus dans une des crevasses du mur un petit billet ployé en quatre: j'eus beaucoup de peine à le retirer, mais y étant enfin parvenu, je l'ouvris avec précipitation; il était conçu en ces termes: *» Ne cherchez point à pénétrer le lieu qui me recèle, et laissez-moi disposer dans mes derniers momens de celui où doit reposer ma cendre; assez et trop long-tems* *vous m'avez outragé. . . . . . Si vous découvrez l'azile sombre que je me suis choisi pour mourir en paix, n'y venez point troubler les restes inanimés d'un infortuné, dont vous causez le trépas : songez qu'il est un Dieu vengeur, qui au jour où chaque mortel paraitra devant son trône, anéantira d'un seul de ses regards les hypocrites et les sacrilèges »*.

Je restai anéanti à la lecture de ce billet ; mais il ne m'apprenait rien, sinon qu'un malheureux qui, probablement, occupait avant moi cette cellule, avoit été victime d'une troupe de scélérats cloitrés, que le manteau de la religion empêchait de soupçonner même du plus léger attentat. Quel était cet azile caché, son dernier réfuge ?.. De quelle manière avait-il été outragé par les moines ? Pourquoi les instruire qu'il s'était dérobé à leur cruauté ?.... Je me perdais dans l'immensité de mes réflexions.

Tout autre que moi eût abandonné
le projet de découvrir de quels moyens
l'auteur de ce billet s'était servi, pour
echapper à la barbarie de ceux dont il
paraissait avoir beaucoup à se plaindre;
mais la difficulté ne fit qu'irriter mon
courage et ma patience, et après deux
heures d'un scrupuleux examen, je parvins au but que je m'étais proposé. Un
morceau du parquet de ma chambre,
situé justement sous mon lit, me sembla
disposé à se lever: j'y employai mes
forces et bientôt j'y parvins. Je ne vis
d'abord qu'un trou de la profondeur
de trois pieds; je me hazardai d'y descendre, et je conjecturai que ce ne
pouvoit être là une issue par laquelle
on pût s'introduire dans aucun endroit
habitable; mais en sondant du pied,
je reconnus que le sol avoit une pente.
Ce fut un rayon de lumière pour moi
je me baissai du mieux qu'il me fut
possible, et engageai ma tête dans une

espèce de tuyau assez large, mais ayant si peu de hauteur que je fus obligé de me traîner sur le ventre pendant fort long-tems, avant de pouvoir respirer librement.

La pente continuait insensiblement, et après une demi-heure ou environ, d'une marche pénible dans la plus grande obscurité, l'ouverture se trouva suffisamment haute pour que j'y pusse tenir debout : j'avais à peine quitté la posture gênante dont je viens de parler, quand je distinguai dans le fond de la caverne sombre que je parcourais, une faible lumiere qui y avait paru subitement, et en même tems j'entendis murmurer quelques mots d'un ton sépulchral et avec l'accent du désespoir..... Quoique je dusse m'y attendre, cette voix qui retentissait sous les voûtes spacieuses du souterrain, glaça d'effroi tous mes sens. Il me sembla voir voltiger autour de moi mille spectres sanglans... aussitôt, la lumière disparut, et avec elle s'enfuirent ces prestiges de mon imagination. Je portai la main à mon front, une sueur froide en découlait; mes genoux fléchissaient, et toutes mes facultés étaient interrompues.

Je m'assis un moment, et employant toute ma raison à combattre ces fantômes, je commençai à rire de ma terreur panique. Je me levai bientôt, et résolus de ne sortir de ce souterrain que lorsque j'y aurais trouvé l'infortuné que je cherchais, ou que j'y aurais au moins découvert une autre issue que celle par laquelle je m'y étais introduit.

Je n'eus pas fait cent pas, que je vis à la lueur faible de la lune qui donnait par un soupirail, un homme que je pris d'abord pour une statue, tant son immobilité était parfaite; il était à genoux et son extase dura jusqu'à ce que je lui eus adressé la parole : » Malheureux jeune homme, lui dis-je, pourquoi chercher dans les entrailles de la terre, le bonheur que vous eussiez pu trouver dans la société ? La nature vous a-t-elle donc créé pour végéter ainsi ? Tous les organes dont vous êtes pourvu ne vous prouvent-ils pas qu'elle a voulu vous faire vivre sous un ciel serein, en la compagnie de gens qui puissent adoucir vos chagrins, car il me paraît que vous en avez beaucoup ?.... « Il m'interrompit, après m'avoir regardé avec le plus grand étonnement.--» Oui, me dit-il, beaucoup. Mais par quel hasard avez-vous pu pénétrer dans ce souterrain, qui semble plutôt fait pour être la demeure des morts que celle des vivans ? «

Alors, je lui racontai la manière dont j'avais découvert la trappe sous mon lit, après avoir trouvé le petit billet : — » Vous couchiez donc dans cette cellule, dit-il? — Oui. — Et il ne vous y est rien arrivé de particulier? — J'y ai éprouvé une frayeur invincible, causée par l'apparition subite de trois moines que je n'y attendais point... — Les scélérats ?... Voilà mon histoire... je leur ai résisté, en les menaçant d'en instruire les supérieurs s'ils osaient jamais venir me troubler pendant la nuit; c'est l'unique motif des traitemens inouis qu'ils me font essuyer depuis six mois..... J'implorai le ciel, il fut sourd à mes prières ; j'invoquai à grands cris ce Dieu qu'on nous peint juste et bienfaisant, je n'en reçus aucune consolation. J'étais prêt à tomber dans le plus affreux désespoir, quand je trouvai, sans doute par un de ces hasards qui nous servent mieux que tous les soins que nous prenons, quand je trouvai, dis-je, cet endroit du parquet, qui m'offrait un moyen de me soustraire à leurs persécutions ; je m'y enfonçai comme dans un tombeau où les moines ne pouvaient exercer leur barbarie, et j'y périrai d'inanition, car il y a trois jours que je n'ai pris de nourriture.... — Quelle funeste résolution !.. Vivez, au nom de ce Dieu, qui veille sur vos jours ; vivez pour voir le supplice des lâches qui vous ont outragé, pour être témoin de la contenance des scélérats à leur dernière heure, et pour rassasier vos regards du plaisir cruel.... — Qu'avez-vous dit ? — Sachez que quelques moines qui n'ont point encore étouffé dans leur cœur les germes de l'honnêteté et de la vertu, doivent instruire demain l'archevêque des perfides attentats de leur supérieur.... «

Un rayon de joie se répandit sur le visage de cet infortuné. — » Sortons, continuai-je, du séjour infernal où vous espériez en vain trouver le repos... Toutes les horreurs de la famine vous y eussent bientôt accompagné... — Sor-

tons, me dit-il; mais comment y songer sans frémir? peut-être en ce moment la cellule est-elle pleine de gens
qui méditent notre perte, et dont l'intérêt personnel est de nous arracher
la vie aussitôt que nous tomberons entre leurs mains.' — N'importe, m'é-
criai-je, n'ayons point à nous reprocher
notre captivité ; sortons, et vendons
chèrement notre vie».

CHAPITRE VI.

Evasion.

Nous nous disposions à reprendre le chemin étroit et difficile par lequel nous nous étions introduits dans ce lieu ténébreux ; je marchais devant, et j'étais suivi par le jeune homme, lorsqu'une lumière frappa les voûtes du souterrain. Nous nous arrêtâmes aussitôt, en nous demandant du langage tacite des yeux ce qui pouvait la produire : nous apperçumes distinctement au fond de ce souterrain immense, un homme que je reconnus pour le jardinier. Il tenait d'une main un flambeau, et de l'autre un panier qu'il posa à terre..... Nous le vînies s'agenouiller, et baiser une plaque de marbre noir sur laquelle étaient gravés quelques caractères.... Il se retira ensuite, d'un air effrayé, et comme si le silence de ces lieux lui eût inspiré de l'horreur....

Nous ne doutâmes plus qu'il y eût une autre issue pour sortir du souterrain. Nous suivîmes donc le jardinier après qu'il se fut retiré. Ce caveau donnait dans une chapelle antique et ruinée, abandonnée depuis fort long-tems. Nous y restâmes jusqu'à ce que nous fûmes assurés que le jardinier s'était retiré, et quand nous crûmes n'avoir plus rien à appréhender, nous nous glissâmes dans le jardin avec le dessein d'escalader les murailles.

Le tems s'obscurcissait, la lune, couverte de nuages, ne donnait plus sa lumière, tout nous favorisait. Je me sentais en état de franchir tout ce qui s'opposait à mon passage, mais le jeune homme mon compagnon, saisi par la vivacité de l'air qu'il avait cessé jusqu'alors de respirer, affaibli par la douleur, épuisé par le défaut de nourriture, avait peine à se soutenir....... Quelle situation! L'abandonnerai-je après l'avoir engagé à me suivre ? le laisserai-je pour ainsi dire livré entre les mains de ces hommes abominables qui l'avaient outragé ?..... Une idée me vint : mon ami, lui dis-je, tandis que nous délibérons sur les moyens que nous avons à prendre, les instans s'écoulent, le jour s'approche, et dans deux heures peut-être il ne sera plus tems : il ne nous reste qu'un parti; le logement du jardinier est assez éloigné du couvent pour que les moines ne puissent en aucune manière entendre ce qui s'y passe; c'est sur quoi je fonde la réussite de mon projet. Laissez-moi faire, je me charge de tout.

Je volai au même instant à la maison du jardinier, et frapant à sa porte : Maître *Pierre*, lui dis-je avec mystère, ouvrez promptement. Notre prieur se trouve fort incommodé, et comme cette indisposition est le fruit d'une petite débauche qu'il fit au souper; il ne voudrait pas que ses moines en fussent instruits..... Il m'envoie donc vers vous pour vous demander si vous ne possédez point quelque eau spiritueuse, ou quelque remède contre les indigestions......

Maître *Pierre* marmotta quelque chose que je n'entendis pas bien, chercha dans vingt tiroirs différens d'une vieille armoire vermoulue, et ayant enfin trouvé une petite fiole pleine d'un baume qui, disait-il, avait guéri des maux incurables, il me la présenta. — Le prieur, lui dis-je en la refusant, veut que ce soit vous-même qui lui administriez des secours ; courez promptement, les pâles violettes de la mort sont déjà répandues sur son visage, et un moment plus tard vos soins pourraient être inutiles.

Le jardinier courut au couvent, enveloppé seulement d'un manteau; c'était ce que je desirais. Je me hâtai de me revêtir de ses habits, et prenant son fusil, j'appelai mon compagnon ; il me rejoignit, et nous nous acheminâmes vers le portier. Je frappai rudement ; il demanda ce que je voulais à une heure indue ; je lui fis la même réponse qu'au jardinier, et lorsqu'il eut ouvert, je lui présentai le bout de mon fusil, en le menaçant de l'étendre mort sur la place s'il disait un mot : il se jetta à genoux. Qu'exigez-vous de moi, demanda-t-il ?.... Je lui répondis que mon seul dessein était de fuir un séjour que j'avais en horreur, qu'il eût à me remettre les clefs du couvent, et que je lui donnais ma parole d'honneur qu'il ne lui arriverait aucun mal. Il me les présenta en tremblant. Mon compagnon s'en saisit, et ouvrit lui-même les portes du saint asyle, tandis que j'empêchais le portier de sortir pour aller divulguer au prieur ce qui se passait alors.

Cependant maître *Pierre*, qui avait

été surpris de trouver le prieur en parfaite santé, lorsqu'il s'attendait à lui
voir rendre les derniers soupirs, était
redescendu en hâte, et je le vis accourir,
sans doute pour avertir le portier que
quelque projet d'évasion se tramait.
Nous sortîmes donc promptement,
ayant soin de fermer les portes en dehors : je jettai mon fusil dans un égoût,
et je voulus doubler le pas ; mais le malheureux jeune homme qui me suivait
se trouva si faible, que je fus obligé de
le porter.

Nous n'étions encore qu'à trente pas
du couvent, lorsque nous entendîmes
le tocsin sonner, l'allarme se répan-
dre ; nous vîmes de la lumière dans
toutes les cellules, le trouble semblait
général.

Un instant après, des patrouilles se
firent remarquer : nous n'eûmes que le
tems de nous jetter dans une allée : on
nous y suivit... On se saisit de mon

compagnon et j'allais subir le même sort ; mais mon courage redoublant, je fis un effort terrible pour me faire un passage parmi la foule de soldats dont l'allée était déjà remplie, et grimpant avec rapidité les dégrés, je parvins à un petit grenier, où j'apperçus une lucarne : j'eus beaucoup de peine à y passer, et je me trouvai enfin sur le toît. Je prêtai l'oreille pendant quelques minutes : je n'entendis rien, et je présumai que nos militaires avaient renoncé à toute poursuite contre ma personne. Mon premier mouvement fut de rentrer dans le grenier et d'y attendre le jour ; mais je rejettai bientôt ce projet, persuadé que je serais peu en sûreté dans une maison où il s'était passé une scène, dont les habitans seraient à coup sûr instruits.

Je parcourus donc les gouttières, jusqu'à ce que mon attention, éveillée par une voix fort agréable qui chantait

une romance , me força de m'arrêter.
C'était un amant qui exhalait son martyre : lorsqu'il eût fini , trois coups de
main lui firent comprendre qu'il avait
été entendu : il se fit alors le plus grand
silence. La scène commençait à deve-
nir intéressante, je n'en avais rien
perdu , et je desirais en voir le dénoue-
ment. Je me traînai avec beaucoup de
peine contre une poulie attachée au-
dessus de la fenêtre d'un grenier : une
corde s'y trouvait par hasard : je me
laissai glisser jusques à une fenêtre
grillée dont j'empoignai les barreaux,
et après mille efforts, je gagnai une
terrasse fort élevée de terre, où je ne
fus pas plutôt, que j'apperçus une
échelle de corde que le jeune homme y
avoit jettée. L'occasion me parut fa-
vorable : j'accrochai l'échelle.... mais
comment descendre sans paraître sus-
pect ? J'étais dans une incertitude
cruelle lorsqu'une jeune personne pa-

rut sur la terrasse : à mon aspect, elle fit un grand cri et s'enfuit, après avoir laissé tomber un paquet, que j'ouvris aussitôt. J'y trouvai précisément des ajustemens de femme, je m'en revêtis promptement, et descendant l'échelle avec assurance, je tombai dans les bras du jeune homme, qui m'embrassa avec transport, en m'appelant sa chère *Célestine*. Il me demanda ensuite le sujet du cri qu'il avait entendu ; je répondis en contrefaisant ma voix, et parlant le plus bas qu'il m'était possible, que j'avais eu peur, croyant voir un fantôme sur la terrasse ; il me rassura, et me demanda où je voulais qu'il me conduisît. Par-tout où il vous plaira, lui dis-je. Un seul fiacre ne s'était point encore retiré : nous nous jettâmes dedans ; le jeune homme donna le mot, et le cocher partit.

J'étais délivré de mon sujet d'inquiétude le plus grand ; mais une foule de

réflexions vinrent bientôt m'assi
Je ne savais si je devais me décou
au jeune homme, ou attendre la i.
de l'aventure. Ce fut le dernier parti
que je pris.

Après mille détours, le fiacre s'ar-
rêta, et nous descendîmes à la porte
d'un hôtel magnifique.

rut

fit

CHAPITRE VII.

Sérail français.

LE jeune homme sonna; la porte s'ouvrit aussitôt et laissa voir vingt adolescens vêtus à la mahométane; ils tenaient chacun un flambeau de cire parfumée qui répandoit en brûlant une odeur suave et agréable. A notre aspect, ils se rangèrent tous sur deux files, et nous laissèrent passer, en mettant un genou en terre : il fut ordonné à deux d'entre eux de me mener dans un appartement séparé, ce qui fut exécuté sur-le-champ. J'y trouvai tout ce que l'art et la nature avaient pu former de plus séduisant. Un des pages me présenta un billet, et tous deux se retirèrent. J'ouvris le billet avec précipitation ; il ne contenait que ces mots : « *Vous voyez, adorable Célestine, que j'ai tenu parole, et que tout concourt à votre bonheur. Ici tout vous appartient : puissiez-vous, pour prix de mes soins, répondre sans cesse aux tendres sentimens que vous m'avez inspirés* ».

Aussi-tôt entrèrent deux femmes, qui voulurent me dépouiller de mes vêtemens féminins, et qui eurent toutes les peines du monde à se contenter des raisons que je leur donnai pour les engager à me laisser seul, et à me dispenser de leurs services, dont je n'avais pas besoin dans la position où je me trouvais. Elles tirèrent cependant d'une armoire de bois de rose des ajustemens d'une richesse peu commune, et après m'avoir recommandé de faire promptement ma toilette, elles me quittèrent enfin, en me disant que leur maître viendrait bientôt lui-même me chercher, pour m'accompagner à la superbe fête nocturne, qu'il donnait à toutes ses femmes.

Je passai quelques instans à ma toilette, et rassemblant toutes mes idées, je conclus que j'étais dans la maison d'un de ces voluptueux sybarites, qui prodiguent l'or pour leur amusement, et qui réunissent à grands frais tout ce que l'Asie offre de plaisirs aux sensuels disciples de Mahomet.

L'instant de désabuser mon hôte, en me faisant connaître, était arrivé : cependant, curieux d'être spectateur d'une fête qu'on m'avait annoncée comme très-brillante, je résolus d'attendre, pour me découvrir, l'instant où le jeune amant, enchanté, comme on ne manque jamais de l'être des appas d'une nouvelle conquête, solliciterait la fin de son martyre.

Aussitôt que je l'entendis, je me couvris d'un voile : il accourut à mes pieds, puis se relevant bientôt, il voulut écarter ce voile indiscret, qui lui cachait, disoit-il, tant de charmes : j'arrêtai sa main. Il prit mon geste pour de la modestie, et n'insista plus.

Il me conduisit dans un jardin, dont je voudrais en vain décrire la beauté: l'œil s'égarait parmi le nombre infini de statues antiques et de vases étrusques dont il était orné. Les cascades, les grottes, les dômes de verdure, les bosquets odorans; enfin toute la magie nécessaire pour former l'enchantement le plus complet, y était rassemblée. L'illumination assez suivie pour rendre la clarté du plus beau jour, ne fatiguait point la vue, et mille femmes toutes plus jeunes et plus belles les unes que les autres, étaient éparses çà et là dans ce lieu de délices.

Sous un massif de tilleuls, entouré de charmilles, parmi lesquelles s'élevaient des touffes de roses et de lilas, des musiciens et des chanteurs formaient un concert charmant; et sur des tables d'agate, enrichies d'or et de pierreries, on servait dans des coupes d'onyx, une liqueur plus douce que l'ambroisie même.

Ma présence fit accourir toutes les nymphes; ma taille était fort bien prise, et chacune convint que j'avais bon air..... Je remarquai une jeune personne dont les grâces naturelles, et la mise décente sans affectation me charmèrent; la douceur de sa voix allait au cœur, ses yeux lançaient des traits de flamme, et un fond de mélancolie la rendait plus intéressante..... Figurez-vous une blonde de dix-huit ans, la taille svelte, deux grands yeux d'un bleu azuré et céleste, une bouche petite et vermeille, un teint de rose, une démarche aisée et pleine de noblesse..... vous ne connaîtrez qu'imparfaitement l'objet enchanteur que j'entendis nommer *Virginie*.....

Virginie! nom si cher, et qui convenait si bien à mon amie (j'ose l'appeler ainsi)......... Mais n'anticipons point sur les événemens, tâchons de les présenter dans leur ordre naturel.

Je demandai à *Dermont* (c'est le nom de mon jeune homme) la permission de me promener seul pendant quelques instans dans les bosquets silencieux de son jardin, ce qu'il m'accorda sans peine..... A peine l'eus-je perdu de vue, que courant aux pieds de *Virginie*, qui se trouvait seule : « *Virginie*, lui dis-je, adorable *Virginie*, mon cœur ne peut résister à une impulsion secrète: je ne vous ai vue qu'un seul moment, et ce moment décide à jamais de mon sort. — Qu'avez-vous donc, madame, me dit *Virginie* d'une voix tremblante? Avez-vous perdu le sens? — Non, *Virginie*, je ne suis point ce que vous pensez. — Ciel! un homme ! Et par quel hasard...— Vous saurez tout ; mais daignez m'écouter : quand vous connaîtrez la pureté de mes intentions, vous ne me ferez point un crime de vous aimer...
— Finissons cet entretien ; on pourrait nous entendre.— Un seul mot ; permet-

tez moi de vous demander comment il est possible que vous vous trouviez dans un asyle dont les mœurs semblent bannies. — Hélas! S'il eût dépendu de moi... (et quelques larmes s'échappèrent de ses beaux yeux...) — Je vous entends, repris-je : votre justification est dans mon cœur, mais quelque soit le motif qui vous ait entraîné dans ces lieux, il est un moyen de vous en tirer : fuyons ensemble ; et je vous donne ma parole d'honneur que si le sort ne vous dispose point à consentir que nos destinées soient unies, je vous conduirai fidèlement où il vous plaira de m'indiquer. — De quel moyen prétendez-vous user pour échapper à *Dermont* ? — Je n'en connais pas d'autre que d'escalader les murs de cette maison. Mais que dis-je ? Comment pourriez-vous me suivre ? et je sens que sans vous peu m'importe d'être libre ou esclave : — Il me vient une idée, interrompit *Virginie* : il existe une porte à l'extrémité de ce jardin ; elle donne sur la rivière ; un batelet y est attaché pour y recevoir *Dermont* lorsqu'il lui prend fantaisie de jouir du plaisir de la pêche; mais il possède seul la clef de cette porte et il n'y a aucune apparence de la lui ravir.... — Votre idée, charmante *Virginie*, m'en fait naître une autre; laissez-moi agir, je réponds du succès : nous sommes sauvés ! »

17

CHAPITRE VIII.

Entreprise hardie. Les Tombeaux.

JE gagnai à la hâte les appartemens de *Dermont*, après avoir fait promettre à *Virginie* de ne point s'écarter.... Je ne vis dans son sallon que quelques femmes ennuyées de la fête, qui s'étaient réunies préférant l'agrément de la conversation ; elles firent peu d'attention à moi. Je me glissai dans la chambre à coucher de *Dermont*, où je vis des armes de différentes espèces ; deux pistolets me parurent suffisans pour l'exécution de mon projet, je m'en saisis et les cachai sous ma robe, après quoi je revins dans le sallon.

J'y étais à peine, lorsque *Dermont* vint à moi. « — Qu'avez-vous donc, *Célestine*, me dit-il d'un air affligé ? Eh ! quoi vous me fuyez... Je vous avoue que je n'avais pas lieu de m'attendre à cet excès de rigueur. Quand je mets tout en usage pour embellir ces lieux, vous savez que je n'ai qu'un seul but, celui de vous plaire : cependant vous n'êtes plus la même; mes regards vous embarrassent, ma présense vous fatigue.. Ah! *Célestine,* aurais-je pour jamais perdu votre estime? — Que vous êtes injuste, lui répondis-je! Quand vous me connaîtrez mieux, vous ne me ferez plus des reproches que je suis loin de mériter; mais, vous l'avouerai-je, je suis depuis quelque tems tourmentée du desir de me promener avec vous dans cette petite gondole qu'on dit si jolie, j'ai d'ailleurs quelque chose d'important à vous communiquer.... — N'est-ce que cela, interrompit-il vivement? Vous allez être obéie, et je vais donner des ordres pour l'illuminer...... Non, c'est précisément ce que je défends : l'obscurité me convient mieux.... J'exige encore de vous une complaisance, c'est que l'intéressante *Virginie* sera de notre promenade, et ne nous quittera point ».

Dermont parut affligé de cette condition, cependant il n'osa en murmurer; nous redescendîmes dans le jardin; *Virginie* accourut à un signal que je lui donnai, et nous nous acheminâmes vers la petite porte. Aussitôt qu'elle fut ouverte, je pensai me trahir par la vivacité avec laquelle je sautai dans le batelet : *Virginie* me suivit, *Dermont* referma la porte et entra le dernier.

Lorsque nous fûmes à quelque distance des murs du jardin : « Maintenant que nous sommes seuls, me dit *Dermont*, qu'exigez-vous de moi ? — Que vous vous dépouilliez sur-le-champ de vos vêtemens. — Y pensez-vous, *Célestine* !.. —Obéissez, lui criai-je d'un ton terrible »; et en même tems je lui présentai mes pistolets... Effrayé de mon action, son premier mouve-

ment fut de vouloir se jetter à la nage :
je le retins. « Commencez, lui dis-je,
par me donner vos habits ; ensuite,
comme mon dessein n'est pas de vous
faire le moindre mal, je ne m'oppose
point à ce que vous regagniez votre
maison. Il se déshabilla ; lorsqu'il eut
fini : vous pouvez, lui dis-je, maintenant vous retirer. Nous le perdîmes
bientôt de vue. Je changai de vêtemens,
et ramant ensuite avec dextérité, nous
gagnâmes le bord, où nous débar-
quâmes sans savoir où nous étions.
Seulement quelques arbres qui paraissaient au haut de vieux murs, nous
firent conjecturer que nous nous trou-
vions derrière des jardins, dans le quar-
tier de la ville le plus désert. « Un cimetière s'offrit à nos yeux : nous y en-
trâmes pour y attendre le jour. L'aspect
de ce lieu lugubre, les peintures antiques des vîtraux de ses charniers, les
ossemens entassés qu'on y remarquait,

les oiseaux nocturnes qui voltigeaient autour de nous, tout semblait inspirer l'effroi.... —«Voilà donc, dit *Virginie*, le dernier réfuge des mortels : c'est ici qu'après tous les malheurs dont leur vie n'est qu'un tissu, ils trouvent enfin le repos !.... »

Cette réflexion dans une femme si jeune encore, me surprit sans m'étonner. Tous les sentimens sont innés ; le tems seul les développe : mais il est certains êtres à qui la nature précoce accorde des facultés, qu'elle refuse aux autres : ils n'en sont que plus malheureux ; le bonheur ne commence à fuir que lors que la raison et les idées viennent, et un homme qui réfléchit ne peut être heureux.

Le jour parut : nous visitâmes les tombeaux renfermés dans cette enceinte. Le premier qui s'offrit à nos regards, par sa magnificence, sa splendeur, la beauté de ses ornemens, semblait vouloir anéantir ceux où le faste et la grandeur n'avaient aucune part, et qui avaient été élevés par la piété ou la reconnaissance. Ce monument était celui d'un prince, dont le simulacre en superbe marbre de Paros, portait l'attitude et les traits de celui que la mort n'avait point épargné.... Que ce tombeau me parut petit, en comparaison d'une simple dalle de pierre, déjà recouverte d'herbe, et où l'amour maternel avait gravé ces mots :

Ne pouvant plus attendre un avenir prospère ,
La douleur , de ma vie éteindra le flambeau :
Repose , mon enfant ; quelque jour je l'espère ,
La mort nous rejoindra dans le même tombeau !..

Ces paroles, si touchantes arrachèrent des pleurs à *Virginie*.

Plus loin, on lisait : *Ci-gît un infortuné dont l'amour causa le trépas : passant, qui que tu sois , ne trouble point sa cendre ; souviens-toi qu'ici toutes les passions s'éteignent, ainsi que tous les préjugés.*

Egalité! je te révère; mais envain j'ai cherché ton temple sur la face entière de l'univers, je ne l'ai trouvé qu'ici.

Je me rappelai alors ces beaux vers:

Je songeais cette nuit que de mal consumé,
Côte-à-côte d'un pauvre on m'avait inhumé,
Moi, qui ne pus souffrir ce fâcheux voisinage,
En mort de qualité je lui tins ce langage:
Retires-toi, coquin, vas pourrir loin d'ici,
Il ne t'appartient pas de m'approcher ainsi:
Coquin, repliqua-t-il, d'une arrogance extrême,
Vas chercher les coquins ailleurs; Coquin toi-
même;
Ici tous sont égaux: je ne te dois plus rien,
Je suis sur mon fumier comme toi sur le tien.

CHAPITRE IX.

Le mendiant optimiste.

J'ÉTAIS plongé dans mes réflexions, quand un pauvre entra dans le cimetière; il m'apperçut et vint droit à moi, en me priant de lui faire quelqu'aumône. Touché de sa triste position (car il était manchot et n'avait qu'une jambe), je lui donnai une pièce de monnaie, *Virginie* en fit autant, et le mendiant nous parla ainsi : „ — Qu'avez-vous donc, mes jeunes amis? vous semblez atteints l'un et l'autre de quelque chagrin : pour moi, qui ne l'ai jamais connu, malgré mes revers et ma misère, je sais par le rapport de chacun que c'est une chose fort incommode: ainsi, vous me permettrez de vous représenter qu'il n'est pas sage d'en prendre mal-à-propos. La vie est comme un chemin dans lequel on entre sans le connaître ; après l'avoir trouvé semé de fleurs dans quelques endroits, on arrive à des passages difficiles; mais s'en afflige-t-on lorsqu'on est sûr d'atteindre le but qu'on s'est proposé ? La mort est le but commun où tendent tous les hommes, et je ne la vois pas avec plus d'effroi qu'un voyageur ne voit le terme d'un long voyage. Telle est ma philosophie, telle doit être celle de tous les hommes. Si vous y consentez, je vous raconterai mon histoire; elle pourra vous divertir, et vous prouver que j'ai toujours été le même dans tout ce qui m'est arrivé de fâcheux... » Nous lui témoignâmes que son récit nous ferait plaisir: il le commença donc en ces termes.

» Tel que vous me voyez, je suis le fils d'un des principaux magistrats de cette ville. Ma mère, qui était d'extraction assez basse, se voyant prête de me donner la lumière, et ne pouvant déterminer mon père à l'épouser, lui demanda pour dernière grâce un rendez-vous dans le parc de S..F... Celui-ci s'y trouva. Alors ma mère lui réitéra ses instances, lui rappela ses promesses, employa toute son éloquence, eut recours même aux larmes pour le fléchir: il fut inexorable et refusa nettement, en l'assurant du plus grand sang-froid que lorsqu'il lui avait promis de l'épouser, il s'était moqué d'elle.... Outrée de son procédé, ma mère tira de sa poche un pistolet, l'ajusta, et lui brûla la cervelle. Elle se sauva ensuite dans une ferme où je vins au monde: ma mère s'y occupa du soin du bétail, et je fus élevé dans la basse-cour parmi les pourceaux, à qui je disputais souvent les fruits excellens qu'on leur jettait avec trop de profusion....

A l'âge de six ans, un aveugle mendiant qui passa dans la ferme, me demanda à ma mère, et s'engagea de me remettre entre ses mains lorsque je saurais parfaitement mon état (c'est ainsi qu'il appelait le métier de gueuser); ma mère qui se trouvait dans l'impossibilité de me donner une autre profession, y consentit, et me voilà parcourant le monde avec ce *Bélisaire* moderne. Nous traversâmes successivement Orléans, Blois, Varennes, Poitiers et autres lieux : en arrivant à Bordeaux, nous fîmes connaissance d'une troupe de mendians, qui logeait près le palais Galien; mon maître s'associa à eux et ils firent bourse commune. Il fut résolu que je serais approvisionneur de la troupe, place qui était vacante depuis quelques jours. Le poste ne me parut d'abord pas difficile, ne pouvant m'imaginer que des mendians fissent bonne chère.... Combien je me trompais!... Le jour de cette association fut marqué par des réjouissances; on ouvrit un coffre à trois clefs, dont l'intérieur m'éblouit par la quantité de pièces d'or et d'argent que j'y remarquai. On en tira quelques-unes qu'on me mit dans la main, en me recommandant d'aller acheter tout ce que je trouverais de meilleur en viandes et en vins, et de faire diligence.... Je servis le souper qui fut délicieux; on fit grande chère, on rit beaucoup, on se divertit; on chanta en *chorus* un air à boire, dont le refrain était :

> Qu'il vaut infiniment mieux,
> Etant privé de ses yeux,
> Braver la mélancolie,
> Que de voir distinctement
> Des objets dont l'agrément
> Ferait regretter la vie.

Au dessert, *Bélisaire* raconta mon histoire qu'il broda à sa manière, et où je reconnus le grand art de mentir, qu'il possédait au suprême dégré. Chacun voulut m'embrasser: il fallut en passer là. Minuit sonna; on se mit au lit, et le dieu du sommeil vint rafraîchir les idées, en amenant avec lui le calme et le repos.

Le lendemain était fête : c'était relâche pour nos mendians ; je les conduisis à une taverne qu'ils m'indiquèrent et où ils se divertirent de nouveau. Là, mille mendians de tout âge, de tout sexe, se trouvaient rassemblés ; les muets causaient à déraisonner, tandis que les aveugles examinaient la carte, et que les estropiés dansaient à perdre haleine, après avoir jetté dans un coin leurs jambes de bois (1) et autres instrumens factices, réparateurs des torts qu'ils prétendaient que leur avait fait la nature.

C'était assez. Le jour suivant, chacun des mendians reprit la place qu'il s'était choisie dans la ville, et tous rapportèrent le soir, suivant l'usage, le produit des aumônes de la journée.

____

(1) Ce fait est avéré, et je ne le citerais pas s'il ne m'avait été garanti par des personnes dignes de foi.

J'étais fort content de mon sort ; mais destiné à d'autres aventures, je ne menai l'agréable vie de fainéant que pendant trois ans. Ayant perdu mon maître, mort à la suite d'une fièvre maligne, je quittai les aveugles et travaillai pour mon compte, c'est-à-dire que je m'établis commissionnaire. Un jour, que j'étais chargé de quelque pesant fardeau, je heurtai un grave personnage, qui se trouva formalisé de mon action et me fit conduire en prison. On m'avait peint les prisons comme des endroits fort désagréables, il est des gens qui voient tout d'une manière sombre. Je trouvai la mienne un lieu charmant : on me fournissait abondamment de quoi vivre, sans que j'eusse l'inquiétude des frais de nourriture et de logement. Un sort aussi heureux ne pouvait pas durer long-tems. On me mit à la porte au bout d'un mois. J'avais alors quinze ans, je m'en

gageai; on me donna dix écus et un habit militaire, ce qui fit que je m'aban-
donnai à la joie pendant huit jours
entiers, et que je dépensai tout mon
argent avec mes camarades. Depuis,
je souffris la faim, la soif, le froid, le
chaud, les intempéries des saisons,
toujours content de mon sort, et ne
murmurant jamais de ce que je ne
pouvais empêcher.

Cependant nous reçûmes des ordres
pour marcher, et nous fûmes dirigés
vers l'Allemagne. Je me rappelle qu'un
soir, je reçus un coup de pied de
cheval; on me donna un verre de
Schnick (1), et on me permit de me reposer dans une ornière, où l'on m'avait
préparé un lit avec de la paille; je ne
me souviens pas d'avoir jamais passé
une aussi bonne nuit. J'y serais encore,
si, le lendemain matin, mon capi-

____

(1) Espèce d'eau-de-vie dont on fait usage dans
quelques endroits de l'Allemagne.

taine ne m'avait appliqué cinq ou six vigoureux coups de canne : je lui en ai obligation ; on servait à l'instant un brouet excellent, dont je n'aurais peut-être pas goûté, s'il n'avait eu la complaisance de m'éveiller promptement.

Je fus bientôt rétabli ; nous marchâmes sur l'ennemi ; on campa. Un jour que je m'étais éloigné du camp, sans songer que cela était défendu, je fus rattrapé par deux cavaliers qui m'y ramenèrent ; on convoqua le conseil, et je fus condamné à perdre la tête. Cela me fit un peu de peine, par la raison qu'on sait ce qu'on est, sans savoir ce qu'on sera. On me conduisit au lieu de l'exécution, on me banda les yeux : j'entendis qu'on me couchait en joue. Ma plus grande inquiétude était de savoir si je serais aussi bien là-bas, que j'avais été sur terre... Au même instant, un courier vint qui m'apportait ma grâce, parce que le général avait été instruit que je n'avais pas l'âge requis.

On me fit une semonce et je repris mes fonctions. Le service depuis ce moment commençait à me déplaire. Sur la fin de la campagne nous nous battîmes, et j'eus heureusement une jambe et un bras emportés, ce qui me valut mon congé, avec la permission de mendier à mon aise ».

CHAPITRE X.

Rencontre imprévue.

La vie est un voyage
Tâchons de l'embellir,
Jettons sur son passage
Les roses du plaisir.

C'ÉTAIT un jeune élégant à pantalon immense, à frac bleu, enfin un adonis *maniéré*, qui fredonnait un air, en battant simétriquement la mesure avec la pointe du pied, à chaque pas qu'il faisait..... Je le reconnus pour un de mes camarades des *Enfans - trouvés*. Eh! c'est *Rustaut*, m'écriai-je!...., Par quel hazard, mon ami?.... —Comment, s'écria-t-il à son tour, *Bernardin* ici! Comment se fait-il ?.... Mon cher *Rustaut*, tu sauras tout.... — Ne m'appelle plus ainsi : j'ai changé de nom; on me connaît maintenant sous celui de *St.- Léger*, qui me convient à merveille, comme tu pourras en juger si tu veux me suivre : madame, continua-til, en s'adressant à *Virginie*, ne sera pas de trop dans la société où je vais ; au contraire, on y chérit la beauté, et à ce titre, elle est sûre de recevoir tous les hommages ; puis s'adressant à moi : tu es sans doute surpris de me voir élevé de quelques dégrés au-dessus de ce que j'étais jadis : je vais t'en expliquer le motif.

Je suis né avec un goût décidé pour l'aisance, et mon peu de fortune fut de tout tems le plus grand sujet de mon chagrin ; aussi n'est-il pas surprenant que j'aie fait tous mes efforts pour satisfaire mes penchans.

Je fréquentais depuis quelque tems une vieille dame qui m'avait témoigné quelque bonne volonté ; elle poussait la dévotion jusqu'à l'extravagance, et l'on ne pouvait parvenir à lui plaire sans entrer dans ses vues. Je profitai de cette occasion d'avancer ma fortune. Chaque fois que je la voyais, nos conversations mystiques et toutes saintes, nous rapprochaient insensiblement, et après six mois d'une contrainte continuelle, pendant lesquels il n'avait été question que de pape, de sacremens, de confession, de pénitence, et pas un mot d'amour (ce nom l'aurait blessée), je me résolus à lui déclarer ce que je feignais de sentir pour elle.... Elle rougit, baissa les yeux, minauda, comme une jeune personne....... Que dis-je! mille fois d'avantage, la minauderie n'étant qu'un effet de l'âge et de l'expérience.... Quoiqu'il en soit, je fus reçu favorablement, et j'eus le bonheur de l'emporter sur un capitaine de vaisseau qui était sur les rangs, et qui ne pouvait dire un mot sans y mêler des blasphêmes et des imprécations contre la céleste cohorte....

Mon rival fut donc congédié, et huit jours après, notre mariage fut.... j'allais dire *consommé*, non, notre mariage fut terminé ce qui me suffisait.

La dame était sans héritiers; elle vient de mourir, et m'a laissé une fortune considérable dont je jouis en paix. Je fréquente les bals, les spectacles, des sociétés charmantes, divines, délicieuses, où je suis reçu avec cet enthousiasme et cette aménité qui n'appartiennent qu'aux personnages d'un rang distingué dans le monde. Peu habitué à manier l'or, j'en perds de tems-à-autre quelques piles à la roulette ou au trente-un ; ensuite je m'en console dans les bras des nymphes qui, chaque jour, soupirent après moi, et meurent d'ennui en mon absence. Vingt femmes de la plus haute qualité sont devenues ennemies irréconciliables, après s'être disputées ma conquête pendant un an ; et dans ce moment-ci je puis compter une cinquantaine d'amans malheureux de qui j'ai enlevé les maîtresses. Le Marquis de.. vient de mourir de dépit d'avoir vu mes chevaux, qui sont incompara-

blement plus beaux que les siens ; et
Jasmin, un de mes valets, fait le désespoir de nos petits - maîtres qui
veulent envain le copier, et ne peuvent
atteindre au dégré d'élégance et de gen-
tillesse où ce drôle est parvenu.....

Je ne te parle point de ma maison,
de mon boudoir, de ma bibliothèque,
dont je me fais un rempart *philoso-*
phique. Le tems s'écoule toujours
trop vîte au gré de mes souhaits. On
se lève à midi, on se lave, on se pâte,
on se parfume, on se mire, on gronde;
on s'habille; on raconte à un valet de
chambre ses bonnes fortunes, ses pertes
au jeu, ses querelles au café ; et on
lui fait enfin un discours pathétique,
pour l'engager à trouver quarante à
cinquante louis, dont on a *réellement*
besoin. On descend ; on s'élance dans
une voiture, on répand quelques billets, ou l'on rend une visite au petit
abbé, à la comtesse, à la présidente ;

on passe de là à un dîner qui conduit jusqu'à la nuit ; on prend le café, on badine avec un chien, on agace un singe ou un perroquet ; on persiffle quelque jolie femme jusqu'au moment du spectacle ; on y court en *Garrik* (1), on se place sur le théâtre, on lorgne tout le monde, on sort brusquement ; on va s'enfoncer à l'opéra, où l'on s'extasie sur la beauté de la pièce, après avoir bâillé pendant vingt minutes, de-là on va au jeu ; enfin on soupe. Trois heures sonnent ; on maudit son cocher qui est ivre, on rentre en jurant ou en fredonnant, on prend un bonnet de nuit tout en dentelle et tout fontangé, on passe une chemise de batiste, on s'abandonne tout endormi à un lit magnifiquement voluptueux, *Picard* tire les rideaux, *St.-Germain* éteint les lumières ; le valet de chambre demande quelle sera l'heure

______

(1) Sorte de voiture.

du réveil; déjà on dort, et on doit dormir ainsi jusqu'à midi, parce que c'est le bon ton.

Voilà, mon cher, notre train de vie; n'est-il pas vrai qu'il est charmant ?....

Virginie, stupéfaite, ne savait si ce qu'elle entendait était un songe: pour moi j'étais immobile d'étonnement; nous ne fûmes tirés de cet état de stupeur que par notre arrivée dans la société où *St.- Léger* nous conduisait.

CHAPITRE XI.

Les femmes savantes.

LE conciliabule était composé de sept à huit femmes *comme il faut*; aussitôt qu'elles apperçurent *St.-Léger*: c'est lui, c'est lui, s'écrièrent-elles toutes à-la-fois. *St.-Léger* fit une jolie révérence et embrassa toutes les dames, ensuite, il nous présenta *Virginie* et moi à l'aimable cercle, qui d'un air de protection nous fit asseoir. — Eh bien dit madame *de Vieux-Bois*, qu'y a-t-il de nouveau? — Rien, répondit mademoiselle *de la Minaudière*; on dit seulement que Mr. *Stern* vient d'inventer une sphère, où le mouvement des étoiles est réglé, et se voit comme si on était transporté dans les astres; j'en ai commandé une pour mettre dans mon boudoir. — Comment, dit la vieille *Maréchale* de *Blainville*; vous apprenez l'astrologie ? Pourquoi non, reprit la demoiselle à la sphère ? Madame *de Lille*, que vous connaissez toutes comme moi, fait maintenant un cours de *Lytothomie* : — Pour moi, dit la Présidente *d'A......*, j'apprends la chymie, et hier, en présence de ma société, j'ai converti du plomb en or fin, d'après un procédé du docteur *Timbré*. Alors madame *Pinsbech*, douairière, prenant la parole, dit : — Tous ces arts ne sont pa de mon goût ; si j'étais encore en âge d'apprendre, je voudrais recevoir des leçons d'anatomie, dont j'ai déjà quelques notions ; je connais l'os *pubis*, les régions *lombaires*, l'*Epiploon*, l'*abdomen*, les *fibres*, les *artères* : j'en suis restée à la *veine-cave*. — Et mademoiselle *de la Minaudière*, qu'apprend-elle ? — Moi, dit celle-ci, je sais déjà faire passablement un *terre-à-terre* et un *flic-flac*.

Dans ce moment entra madame *Ro-*

24

dolpha, qui se jetta dans un fauteuil:
— Mes vapeurs ne me quittent pas....
Mon perroquet est mort; pauvre petit
animal! il parlait comme une *gram-
maire*..... Pour comble d'horreur, ce
matin, mon maître de danse a marché
sur la patte de ma *carline*..... — En
vérité! — O mon dieu, oui.. Aussi l'ai-je
renvoyé sur-le-champ. — Vous avez
bien fait. — Je suis en outre en colère
contre ma marchande de modes: ces
gens-là veulent trancher du grand;
la plus petite fille s'exhale en jolis pro-
-pos, et serait presque en état de jouer
le rôle de duchesse, et d'en emprun-
ter le langage; je crois que si cela
dure, on vendra de l'esprit à Paris
comme on y vend des grâces; car enfin, aujourd'hui tout veut être Fran-
çais, comme autrefois tout était Ro-
main; et cela est si frappant, que madame de *Follencour* fit dernièrement
noyer deux de ses épagneuls, les plus

jolis et les plus favoris, parce qu'elle s'imagina qu'ils n'aboyaient point à la française..... — Est-il possible? — Rien n'est plus vrai. — Cette pauvre dame perd l'esprit. Au moins, dit *St.-Léger*, doit-elle s'en consoler lorsque vous lui rendez visite, madame; vous en possédez suffisamment pour deux.... — Toujours charmant.... A propos, vous êtes un monstre!..... Oh! pour cela, monsieur, je ne puis vous le pardonner; j'en fais juge la compagnie. Monsieur vient ce matin chez moi, et apprenant que j'ai la migraine et que je dors, il pirouette trois fois dans ma salle, brûle mon *parafeu*, en l'approchant trop près de la cheminée. Sans *Marton*, une de mes femmes, ma maison devenait un *churbon*, et je serais à présent un *monceau de cendres*. — Voilà bien qui tient de l'étourderie et de la légéreté française, dit madame de *Blainville*. Qu'appellez-

vous *étourderie*, reprit la présidente?
C'est précisément là le côté aimable
de notre jeunesse. On voit bien que
madame est de la province, et ne sait
pas apprécier la manière dont on est
éduqué ici. Nos enfans sont maniérés
dès l'âge de cinq ans, et ils savent
dès-lors juger d'une mode, décider
d'un habit, et se mettre du bon air. La
petite *Fanny*, qui mourut l'an dernier, et qui était un enfant joli à *cro-
quer* et au *parfait*, ne pouvait souffrir une femme sans odeurs et sans
mouches...... — Madame, dit *St.-
Léger*, je vous rends grâce d'avoir
pris le soin de me justifier....... —
Que dit-on de la pièce nouvelle? — Fi
donc! on y voit des Romains... — Des
Romains! ah l'horreur!.. Il fallait chez
eux des études de vingt, trente ans,
même de toute la vie, avant de parvenir à l'héroïsme : voyez simplement
leurs guerriers en comparaison des nô-

tres brusques, massifs, encuirassés, casqués de la manière la plus grotesque, ils épouvantaient le genre humain, ils ne parlaient que de tuer, brûler, pulvériser, et ils semblaient toujours avoir des billets de mort à distribuer à quiconque les regardait en face; les nôtres sont au contraire très-élégans, en frisure toute jolie, en bas de soie blancs, ils aiment mieux sentir la poudre *à l'œillet* que la poudre à canon, ils ne tuent de leurs regards que le beau sexe qui se meurt pour eux; ils dansent, ils donnent des bals, des comédies; et font de la guerre le jeu le plus amusant. Que je me sais bon gré de vivre dans ce siècle-ci ! on est poëte lorsqu'on veut: on est militaire, lorsqu'on endosse l'uniforme: on est médecin lorsqu'on porte l'habit noir; encore une fois, Romains, Grecs, taisez-vous; vous n'étiez près de nous que des *machines*, tandis que nous possédons la quintessence de l'esprit humain.

CHAPITRE XII.
L'hospitalité.

Dans ce moment, grand nombre d'élégans de l'un et de l'autre sexe entrèrent, on se leva pour les recevoir: je profitai de l'espèce de tumulte que leur arrivée occasionnait, pour me retirer; *Virginie* me suivit, et nous étions déjà loin du joli cercle, que nous n'avions point encore proféré une parole, tant ce que nous avions vu et entendu nous avait causé de surprise... —C'est donc là ce qu'on nomme vulgairement des *Sociétés*, dit enfin *Virginie*? — Vous le voyez, répondis-je, mon amie; mais si ce que vous en avez vu est capable de vous inspirer du mépris, que serait-ce donc si vous fussiez demeurée jusqu'à sa dissolution?... Tous les personnages rassemblés, on n'est occupé que du soin de se faire mille complimens plus flatteurs les uns que les autres. Un seul sort-il?... vous entendez toutes les bouches lui prêter des ridicules à l'infini. Un second disparaît, il n'est point épargné : on lance sur lui les traits de la censure la plus maligne ; tous sortent tour-à-tour : tous sont déchirés. Et cependant chacun se retire fort content, quoique persuadé que l'instant de son départ est celui où il va être l'objet de la risée universelle.

Tout en causant avec *Virginie*, je ne m'appercevais point qu'il était tard : je me mis donc à chercher un hôtel garni. On m'en enseigna plusieurs, et j'étais dans l'indécision auquel je donnerais la préférence, lorsqu'un homme d'environ quarante ans, fort bien mis et d'une figure avantageuse, m'adressa la parole. Excusez-moi, Monsieur, me dit-il ; mais vous me paraissez peu fait pour habiter un logement tel que vous le demandez. Si vous voulez accepter un appartement dans ma maison, vous n'y manquerez de rien, mes domestiques seront à vos ordres : la seule récompense que je vous demande, lorsque vous me connaîtrez, c'est de m'accorder votre amitié. Madame est sans doute votre épouse ; je répondis oui, en rougissant.—Rassurez-vous ; j'ai une fille, elle sera sa compagne, son amie ; elles sont du même âge, et cette conformité amène la confiance. Si malgré les efforts que je ferai pour vous engager à rester près de moi, le sort nous séparait, (ce qui peut arriver par l'instabilité des choses humaines), alors, s'il me reste le regret de vous perdre, au moins j'aurai la consolation de savoir que vous êtes toujours mon ami.

J'avoue que l'air de bonne foi de cet homme m'en imposa ; je lui témoignai du mieux que je pus ma reconnaissance pour ses offres généreuses, et je résolus d'en profiter.

Il nous conduisit dans un hôtel assez vaste, où il nous présenta à sa fille. — Réjouis-toi, *Félicie*, lui dit-il, je t'amène bonne compagnie; grâce à nos nouveaux hôtes, nous ne serons plus condamnés à vivre dans la solitude, au moins pendant quelque tems; n'est-il pas vrai, Monsieur, ajouta-t-il en se tournant de mon côté? Je l'assurai que puisqu'il l'exigeait absolument, je resterais quelques jours près de lui, et que *Virginie* et moi, nous nous efforcerions de dissiper ses ennuis, ainsi que ceux de l'aimable *Félicie*.

On servit le souper, il était splendide, et tel qu'on eût dit que vingt convives devaient y prendre part. Nous mangeâmes peu. Au dessert, *Félicie* chanta un très-bel air avec un goût infini. *Virginie* eut son tour, elle enchanta M. *Ducastel* (ainsi se nommait notre hôte), et excita les applaudissemens de sa fille: quant à moi j'y prenais part, et les louanges, qu'on lui prodiguait me faisaient mille fois plus de plaisir que si elles m'eussent été données personnellement.

Il fallut se retirer. M. *Ducastel* ordonna à un laquais de nous conduire à notre appartement. Quelle fut la surprise de *Virginie*, en voyant que nous n'avions qu'un seul lit!... Quelque prière que j'employasse, et quelque promesse que je lui fisse de passer la nuit sur un siége, rien ne put la déterminer à rester seule avec moi : je la suppliai de considérer qu'on nous croyait époux, et qu'en ce cas notre tête-à-tête nocturne était légitimé... Je ne pus rien gagner sur son esprit.

M. *Ducastel* qui avait entendu nos débats, vint en robe-de-chambre : eh bien, nous dit-il, qu'ai-je entendu ? Pourquoi l'union ne règne-t-elle pas parmi vous ? Quel sujet avez-vous de vous quereller ? Je devine ce que c'est,

Madame ne veut pas que vous parta-
giez son lit, sans doute pour vous punir de quelques petites infidélités assez
naturelles à votre âge. — Mais, Madame, continua-t-il, je vous demande
grâce pour lui ; n'ayez pas la rigueur
de lui refuser une place à vos côtés : je
suis certain qu'il brûle de réparer les
torts qu'il peut avoir eu envers votre
personne. — On vous a trompé, s'é-
cria *Virginie*, nous ne sommes point
époux ; pardonnez à mon trouble, à
ma confusion : croyez, Monsieur, que
je suis humiliée de l'aveu que je viens
de vous faire, par l'opinion qu'il peut
vous donner de moi ; mais j'aime mieux
être exposée à tout, que de faire une
action aussi contraire à mes principes... — Eh ! que ne me disiez-vous
cela plutôt, interrompit M. *Ducastel* ?
mon dessein n'est pas de vous gêner en
rien ; puisque cela est ainsi, continua-
t-il, je vais vous donner à chacun un

appartement séparé: Madame occupera celui dans lequel elle se trouve, et M. *Bernardin* voudra bien me suivre.

Je suivis notre hôte, un peu piqué de sa visite, et peut-être de ce que *Virginie* m'avait exposé à rougir devant lui du mensonge que j'avais fait, en disant qu'elle était mon épouse. Cependant, je n'en fis rien paraître: il me conduisit dans un autre appartement et me quitta, en me souhaitant le bon soir et en souriant malignement.

CHAPITRE XIII.

Voyage dans ma chambre à coucher.

IL est donc vrai, me dis-je lorsque je fus seul, qu'on peut voyager dans sa chambre! Une bibliothèque que j'apperçus me répondit affirmativement. J'en ouvris un livre, et à chaque ligne je me crus transporté dans le Japon, aux Indes, à Madagascar..... Les isles, délicieuses d'*Otaïthi* remplissaient mon imagination; j'enviais le sort de ceux que la nature a placés dans ces climats heureux, et je me disais: si j'y étais transporté avec *Virginie*, une cabane seule suffirait à notre bonheur; chaque jour le travail de mes mains nous ferait subsister, et le soir l'amour remplirait nos instans les plus doux: si quelque nuage obscurcissait les jours charmans que nous y passerions, le besoin de nous rappro-

27

chez nous ferait bientôt trouver notre pardon dans les bras l'un de l'autre; et la vue des gages chéris de notre tendresse (car nous en aurions), nous ferait prendre la ferme résolution de ne jamais provoquer à l'avenir la discorde, et de ne plus chercher à détruire notre commune félicité.

Je remis à sa place mon livre de voyage, j'apperçus *Fontenelle;* une réflexion me vint: qui t'assure, me dis-je à moi-même qu'*Otaïthi* soit effectivement un paradis terrestre ? N'est-il pas possible que dans ce nombre infini de *mondes* qu'admet notre philosophe, il s'en trouve quelques-uns dont nous ne nous faisons pas d'idée, et qui surpassent de beaucoup tout ce que nous avons découvert de plus beau jusqu'ici ?

Les auteurs ne sont point d'accord sur la patrie que chacun d'eux desirerait avoir. Quant à moi, qui me pique d'être *cosmopolite* dans la force du terme, il me semble qu'aucun ne me convient, excepté peut-être la Suisse, pays enchanteur, tant par la beauté des sites, que par la fertilité du sol, et la loyale bonhomie de ses habitans. J'ai parcouru l'Europe, cette partie du monde que chacun s'accorde à trouver bien supérieure aux autres. Le climat d'Egypte est trop ardent, son peuple trop ignorant et crédule, et ses souverains trop despotes; l'Espagne et l'Italie sont de même sous un ciel trop chaud: le premier de ces royaumes est habité par une nation naturellement indolente, peu sensible, quoique d'une probité et d'une valeur à l'épreuve; l'autre peuple est affable, poli; mais faux, violent, terrible même en ses vengeances, se servant du manteau de la religion pour couvrir ses meurtres, et ne devant la réputation éphémère dont il jouit, qu'à l'avantage qu'il a de descendre des anciens Romains, dont le burin de l'histoire nous a conservé le souvenir. C'est de lui, en un mot, que nous vient le grand art des poisons, et celui plus effrayant de faire périr son ennemi par le poignard......

Mais quittons cette digression : il n'est aucun pays sur le globe dont je ne puisse révéler les vices généraux, comme il n'en est aucun don je ne sois forcé d'admirer les vertus particulières. Le titre de *cosmopolite* que j'ai pris, non sans raison, prouve mieux qu'on ne pense cette vérité.

Cependant, malgré mon embarras dans le choix d'une patrie, me dis-je à moi-même, je sais fort bien ce qui me conviendrait le mieux....... Mais qu'ai-je à me plaindre ? je suis reçu dans cette maison avec une affabilité dont on voit peu d'exemples. Le maître m'offre lui-même un appartement com-

mode, et dont j'ai la liberté de disposer; peut-être a-t-il dessein de se former une société; peut-être, par un de
ces hazards singuliers mais possibles,
veut-il m'attacher à sa personne, et
ensuite assurer mon sort..... Mais devrai-je le souffrir? Devrai-je, si telle
est l'intention de mon hôte, demeurer chez lui seulement l'espace de vingt-
quatre heures ?.... Sa fille, sa *Félicie*!... Des étrangers la frustreraient!...
Non, monsieur *Ducastel*, non. C'est
un parti pris, je pars à la pointe du
jour : je veux même vous prévenir sur-
le-champ de mes résolutions, sans cependant vous instruire du motif qui
les a fait naître.

Chapitre XIV.

Scène tragique.

Je m'étais levé en effet; déjà j'avais pris un flambeau, et je descendais chez monsieur *Ducastel*, quand, passant près de l'appartement de *Félicie*, je crus entendre quelque bruit, je prêtai l'oreille; c'était la voix d'un homme : « C'est envain, disait-on, cruelle *Félicie*, que vous voulez retarder l'instant de mon bonheur; jamais nous ne devons espérer d'être l'un à l'autre, tant qu'une utile faiblesse n'assurera pas ma félicité, en ôtant désormais à votre père tout moyen de me refuser votre main ».

« *Derly*, répondit *Félicie*, jamais je ne consentirai à ce que vous exigez de moi, je sens quelle est mon imprudence de vous avoir reçu ici à cette heure, n'en abusez point, et sur-tout ne me forcez pas à me repentir de l'estime sincère que vous m'avez inspirée. Ne demeurez pas plus long-tems ; je tremble qu'on ne nous surprenne ensemble ; j'aimerais mieux perdre la vie, que de donner mauvaise opinion de ma conduite à deux étrangers que mon père a accueillis, et qui logent dans cette maison ».

Je rentrai dans mon appartement, pour donner au jeune homme le tems de se retirer. Dix minutes s'étaient à-peine écoulées, quand un bruit d'épées se fit entendre dans le jardin, sur lequel mes fenêtres donnaient. Je regardai avec précipitation, mais je ne vis rien. Cependant le bruit redoublait ; la porte de l'appartement de *Félicie* s'ouvrit, alors le bruit cessa, et fit place au silence le plus profond.

Je descendis à la hâte ; mais quel spectacle vint s'offrir à mes yeux en entrant dans le jardin ! *Derly* baigné dans son sang....... *Félicie* étendue auprès de lui, et ayant entièrement perdu l'usage de ses sens.... Plus loin monsieur *Ducastel*, l'œil morne, et promenant des regards inquiets sur l'objet de son ressentiment et sur sa fille expirante.....—Ah! qu'avez-vous fait, lui dis-je? Fallait-il m'engager à accepter un asyle chez vous, pour me rendre le témoin d'une action aussi barbare!....— Ma fille! s'écria-t-il, en se jettant sur son corps inanimé et le serrant dans ses bras, ma chère fille, quoique toutes les apparences t'accusent, je déteste une cruauté qui t'a conduit aux portes du tombeau!......— Votre fille n'est point coupable, repris-je : bénissez le destin, qui m'a permis d'entendre tout, pour rendre témoignage de son innocence, et pour ôter de votre esprit un soupçon aussi injurieux....

A force de secours, *Félicie* revint

à elle ; son père, fondant en larmes, l'aida à regagner son appartement ; pour moi, sachant de quelle importance il était qu'on ne trouvât pas chez mon hôte un cadavre rempli de sang, craignant avec raison que quelque domestique, éveillé par le tumulte, ne vînt à s'appercevoir de ce meurtre, et n'en fît sa déposition en justice, je me hasardai à transporter le mort dans un coin du jardin peu fréquenté, jusqu'à ce que M. *Ducastel* plus tranquille, décidât de ce qu'on en devait faire.

J'étais obligé de passer devant une porte de derrière, privée de serrure et qui tombait en vétusté : à peine y fus-je arrivé que j'entendis un grand bruit dans la rue : « *au voleur* » criait-on « *arrêtez ! arrêtez !* .... » Je n'eus que le tems de poser le cadavre à terre, et courant à la porte, je la barricadai du mieux que je pus, afin qu'il ne

28

prît pas à quelque curieux l'envie de voir l'intérieur du jardin, (chose que j'appréhendais avec fondement), mais les précautions que je pris à cet égard me furent funestes. Un de la troupe dit à ses camarades : mes amis, n'allons pas plus loin ; j'ai vu remuer cette porte, c'est ici sans doute que le voleur s'est réfugié.... En même-tems on la poussa si rudement, qu'elle tomba à terre, et laissa voir à mes yeux une horde de gens de tout âge et de tout sexe, qui, sitôt qu'ils m'apperçurent, fondirent sur moi, et malgré tout ce que je pus leur dire pour ma justification, m'entraînèrent chez un commissaire.

Après avoir attendu pendant une heure, l'homme noir se décida enfin à se lever. » Qu'y-a-t-il de si pressé, dit-il gravement, pour venir interrompre mon sommeil? On voulut lui expliquer la chose ; tous parlèrent ensemble et l'on ne pouvait s'entendre. Je compris cependant qu'il s'agissait d'un vol considérable de pierreries et de bijoux.

Le commissaire décida que jusqu'à nouvel ordre je devais aller en prison, et que lorsque mon tour serait arrivé, on instruirait mon affaire. Malgré la situation où je me trouvais, je ne pus m'empêcher de rire du sérieux imperturbable, avec lequel cette vénérable tête-à-perruque ordonna mon incarcération.

Il fut délivré de la part du commissaire, un petit billet au chef de la troupe, et je fus conduit en prison.

CHAPITRE XL.

Emprisonnement.

LORSQUE nous fûmes arrivés à la maison de force, on eut toutes les peines du monde à se faire entendre, enfin le geolier vint en bâillant ouvrir le premier guichet, puis ayant lu le billet du commissaire : entrez, me dit-il, d'une voix rauque. Ceux qui m'avaient conduit dans ce lieu de plaisance . prirent alors congé de nous, et se retirèrent fort satisfaits de l'action qu'ils venaient de faire. Le geolier referma la porte basse et doublée de fer par laquelle j'étais entré; le bruit désagréable que produisirent ses gonds rouillés, joint à celui plus effrayant encore de deux ou trois verroux énormes qui en font l'ornement principal, m'émut un peu. Cependant, fort de mon innocence, je repris courage, et la réflexion venant à mon secours , acheva de me rendre la tranquillité.

Mon conducteur ayant pris avec lui un dogue de la première force , que j'entendis appeler *Cerbère*, m'ordonna de le suivre. Il ouvrit un second guichet, qu'il referma aussitôt que nous l'eûmes franchi; il ouvrit encore une grille de fer, qu'il referma de même. Nous nous trouvâmes alors dans une cour , que nous traversâmes et au bout de laquelle était la porte du logement qui m'était destiné.

J'entrai dans une espèce de caveau infect, dans lequel une vingtaine de malheureux étaient couchés par terre sur une poignée de paille : le geolier leur ordonna d'un ton rude de me faire place ; ces infortunés se rangèrent du mieux qu'ils purent , et je fus obligé de m'étendre à leurs côtés , car il ne se trouvait dans cet endroit horrible aucune espèce de siége.

Je passai une fort mauvaise nuit: dès le lendemain on vint m'interroger. Le personnage chargé de cet office me déplut au premier coup-d'œil. C'était un grand homme sec, au regard farouche, au geste inquiet, à la mise sinistre, et enfoncé dans une perruque *in-folio*. Il commença par me questionner. —Comment vous nommez-vous? — *Bernardin*. — Que faites-vous ? — Ce qu'il est permis à tout homme probe de faire, sans attenter aux loix de l'honneur. — Il parut peu content de cette réponse.

— Qui vous a conduit ici? — Sans doute mon mauvais destin, car j'ignore absolument ce dont on peut m'accuser. —Cependant votre écrou est celui d'un homme accusé d'un vol considérable. —Je n'ai besoin pour ma justification que d'une entrevue avec les auteurs de ma détention, car je vois clairement qu'il y a une méprise, et qu'on me prend ici pour un autre, avec lequel j'ai peut-être quelque ressemblance phisique. — Non, non, interrompit l'interrogateur, c'est vous-même qui êtes l'auteur du délit, et c'est vous qui en porterez le châtiment. Ne vous a-t-on pas trouvé caché dans un jardin où vous vous étiez réfugié, après avoir été poursuivi? Ceux qui vous ont arrêté, ne vous ont-ils pas reconnu? Plusieurs dépositions n'affirment-elles pas que vous êtes ce même homme qui depuis deux ans, errant de province en province, ne cessez de porter le trouble dans les familles les plus respectables... Il sied bien à des scélérats qui ne vivent que d'intrigues.... — Arrêtez, Monsieur! n'abusez pas de l'autorité qui vous est commise: exercez l'emploi de votre charge, et ne vous permettez point de réflexions. — Je ne dis pas tout-à-fait cela pour vous; je sais que les apparences sont quelquefois trompeuses, et qu'on peut s'être mépris ; mais pourquoi avez-vous barricadé la porte du jardin dans lequel on vous a trouvé ? — Je n'ai plus rien à vous dire : le mépris que vous m'inspirez est trop grand pour que vous prétendiez désormais obtenir de moi aucune réponse.

Il sortit en me lançant un regard furieux.

Deux jours après je fus transféré seul dans un autre cachot. On y vint encore m'interroger. L'air doux et affable du nouveau magistrat m'inspira de la confiance. Je lui fis un récit succint de mes malheurs, il en fut touché et me promit sa protection. Je lui demandai ensuite de quel moyen je pourrais user pour faire tenir une lettre à *Virginie*, et l'instruire de ce qui m'était arrivé. Je n'en vois point d'autre, me dit-il, que de me confier votre lettre, si vous ne me croyez point capable de vous trahir, car vous êtes au secret,

et toute communication vous est inter-
dite avec le dehors. J'acceptai sa pro-
position avec joie : je me mis donc à
écrire ; mes larmes coulaient à chaque
ligne , et je fus fort long-tems avant de
pouvoir être intelligible , tant j'étais
troublé. Enfin je finis ma lettre, et je
la lui remis sans être cachetée. Il m'as-
sura qu'il la rendrait lui-même dans le
jour, puis m'ayant invité au courage et
à la tranquillité , il me serra la main et
sortit.

CHAPITRE XVI.

Nouvelles de Virginie. Sortie de prison.

HUIT jours s'étaient écoulés depuis que je n'avais écrit à *Virginie*, et j'étais dans une inquiétude extrême, lorsqu'un matin, un des guichetiers me remit mystérieusement un petit billet : il était de mon amie, je baisaï ses caractères chéris avant d'ouvrir le billet. Voici ce qu'il contenait :

« Mon cher ami, j'apprends avec la plus vive douleur qu'un accident funeste et imprévu, en t'éloignant de moi, te force à vivre dans un cachot !... que n'y suis-je avec toi ! je partagerais tes peines, et je tâcherais de les rendre plus légères : souhaits superflus ! la personne qui m'a remis la lettre dans laquelle tu me fais un détail aussi pénible pour toi qu'affligeant pour ton amante,

m'a même ôté l'espérance que j'avais
d'abord conçue de te voir. Je t'écris
donc sur-le-champ (1) pour te rassurer
sur l'inquiétude qu'aurait pu te causer
ta *Virginie*. Je suis traitée chez M. *Ducastel* avec les égards et l'attention particulière que tu as toujours remarqués,
il ne nous manque que ta présence.

 » J'ai déjà fait quelques démarches
pour obtenir ton élargissement ; je vais
les réitérer, et j'ose espérer qu'elles ne
seront pas infructueuses. Pour parvenir auprès des gens en place , on
éprouve mille obstacles, mille refus ;
encore emporte-t-on rarement en les
quittant, la certitude d'obtenir ce qu'on
leur demande avec tant d'instances.
Ne pourraient-ils pas, par un seul mot,
qui leur devrait coûter si peu, épar-
gner aux infortunés qui ont besoin de

---

(1) La lettre ne m'avait été rendue que fort long-
tems après.

leur secours, la honte et l'humilia-
tion!...

„ Adieu, mon ami; ne prends conseil que de ta philosophie, attendons
tous deux un avenir prospère , et
crois-moi pour toujours la plus tendre
et la plus sincère des amantes ",

VIRGINIE.

Ce billet charmant remplit mon
ame des plus douces émotions : j'ou-
bliai pour un instant que je n'étais pas
libre, et je me livrai à toute la joie que
devait m'inspirer la tendresse de *Virginie*. Je fus bien aise en quelque sorte
d'être dans un cachot obscur, puisque
sans cet incident, je n'aurais peut-être
jamais eu de *Virginie* un aveu aussi
flatteur.... Je baisai mille fois ce billet,
je le pressai contre mon cœur, je le
mouillai de mes larmes; enfin, je fis
toutes les extravagances dont est susceptible un amant.

Le reste du jour se passa en protestations de ma part: je parlais à *Virginie*, je la voyais, je l'entendais: son organe enchanteur venait frapper mes oreilles... Le soir approcha: je mangeai gaiement un morceau de pain dur, triste reste du repas des reptiles et des insectes qui habitaient avec moi ce séjour affreux; je bus de l'eau d'une cruche que je trouvai près de moi, et m'étant étendu sur mon grabat, je m'endormis, en songeant à *Virginie*, aussi délicieusement que si j'eusse été sur l'édredon le plus doux.

Le lendemain, le guichetier m'éveilla pour m'apporter les journaux: depuis long-tems j'avais inutilement sollicité cette faveur; il me dit qu'à compter de ce jour, on m'en accordait la lecture. J'y vis au long tracée toute l'histoire dont on prétendait que je fusse le héros; la voici:

» Un jeune homme fort bien mis se

présente chez un bijoutier ; il lui remet une boëte, avec injonction de la remplir de tout ce qu'il a de plus rare et de plus précieux, en lui disant que c'est un présent qu'un riche voyageur, à qui il appartient, veut faire à une cour étrangère, et qu'on ne regardera point au prix. En même-tems, il tire une bourse de cent louis qu'il donne au bijoutier par forme d'arrhes, et sort en disant qu'il reviendra le soir même. La mise du jeune homme, sa physionomie honnête, l'air d'aisance qu'il empruntait sans affectation, tout empêchait de le soupçonner de quelque mauvais dessein.

» Le bijoutier choisit ce qu'il possède de plus fin en diamans et pierreries, en compose l'écrin, et fait voir au jeune homme lorsqu'il est de retour, la richesse et l'éclat de sa commande : celui-ci admire la beauté de chaque objet en particulier, puis fait prix avec le marchand ; il cachete lui-même la boëte, et cherche son porte-feuille, afin de lui remettre en billets au porteur le restant de la somme dont ils sont convenus.

» Il feint tout-à-coup de l'avoir oublié, prie le marchand d'attendre un instant, et lui laisse entre les mains la boëte. A peine est-il sorti que le bijoutier, frappé de quelque pressentiment secret, brise le cachet, ouvre la boëte, et n'y trouve rien; c'en était une autre parfaitement semblable, qui avait été substituée avec beaucoup d'adresse à la première.

» Le marchand s'écrie qu'il est ruiné : on accourt; il indique de la main le chemin qu'a pris l'inconnu, et tombe sans connaissance dans les bras de son épouse.

» Tandis qu'on s'occupe du soin de le faire revenir, les voisins sont à la poursuite du coupable : ils l'atteignent, se saisissent de lui et le conduisent dans une maison de force, où il attend maintenant son jugement.

» Ce fameux scélérat, déjà connu par plusieurs vols de cette espèce, se nomme *Bernardin*..... «

Je vis que les journaux suivaient l'opinion générale sans rien approfondir et sans s'embarrasser s'ils ternissent la réputation des honnêtes gens.

Quelques jours se passèrent sans que j'entendisse parler de rien. Ce silence m'affligeait : je craignais que *Virginie* n'eût pas réussi dans les démarches qu'elle m'avait promis de faire.... le dirai-je ? je craignais qu'elle ne m'eût oublié..... O *Virginie* ! que je connaissais peu tes sentimens, et que mes remords t'ont bien vengée !...

Cependant, on vint m'annoncer que je pouvais prendre l'air dans la cour, et vingt-quatre heures après je fus libre ; il était dix heures du soir lors-

qu'on m'apprit cette heureuse nouvelle : je ne restai pas un instant de
plus, et je franchis les portes de ma
prison avec une impétuosité à laquelle
l'idée de ma liberté contribuait beaucoup, car à peine fus-je dehors, que
je fus atteint d'une faiblesse mortelle ;
je m'assis sur un banc, à la porte d'un
hôtel spacieux. Deux grands laquais
en sortirent ; ils m'examinèrent beaucoup, et plaisantèrent sur la nuit que
je me disposais à passer sur cette
pierre : ils finirent par me prier de choi-
sir un autre gîte, sous le prétexte que
je pouvais bien n'être pas seul..... J'o-
béis sans répliquer, et rassemblant mes
forces, je pris le chemin de la maison
de mon ancien hôte.

CHAPITRE XVII.
Aventure. Chagrin.

EN détournant le coin d'une rue, une jeune femme m'aborda, me parla, et m'avait déjà entraîné par une douce violence jusqu'au fond d'une allée, avant que je me fusse apperçu que j'étais avec quelqu'un. Il est certains momens où l'homme, préoccupé, semble tout entier à ses réflexions : dans ces instans, le péril même le plus éminent serait insuffisant pour le rendre à lui-même. Voilà ce que j'éprouvais, quand une voix douce et argentine comme celle de mon amante, me tira de ma rêverie : » viens donc, mon bon ami, « me disait-on, et on ne lâchait pas ma main. Je suivis machinalement cette femme, qui me conduisit dans un réduit au quatrième étage. Cependant mes forces m'abandonnaient, il y avait encore fort loin jusques à l'hôtel de **M.** *Ducastel*, il était tard : toutes ces considérations me décidèrent à passer la nuit chez cette femme. En y entrant, je me jettai sur une chaise ; elle s'apperçut de mon état de faiblesse, me fit chauffer un bouillon qu'elle me fit prendre ensuite, et voyant que j'avais besoin de repos et que je me disposais à passer la nuit sur mon siége, elle exigea que je partageasse son lit.... Lecteur, pensez-vous que ce fut par un autre motif que celui de la bienfaisance ? je ne puis le croire, et je rends hommage à la vertu partout où je la trouve !

Le lendemain, elle m'obligea de partager son déjeûner frugal et me laissa sortir seul, afin que je n'eusse point à rougir de me trouver avec elle exposé aux regards du public. Cette délicatesse rare dans une femme de son état, me plut infiniment.... —

Combien de femmes dont on vante partout l'honnêteté, la vertu, la bienfaisance, qui ne sont pas aussi honnêtes, aussi vertueuses, aussi bienfaisantes que celle que je cite !

Je faisais ces réflexions quand j'arrivai à la porte de M. *Ducastel*, j'allais revoir *Virginie !*....mon cœur était délicieusement ému..... Je frappe: on m'ouvre. Un nouveau portier s'offre à ma vue et me demande ce que je veux. Je nomme M. *Ducastel*, le portier me répond qu'il est disparu, et que la maison ne lui appartient plus. Interdit, je reste quelque tems sans parler ; mais revenant bientôt à moi: par quel hasard, lui demandai-je, a-t-il abandonné son hôtel ? — Je l'ignore ; tout ce que je sais, c'est que le bruit court qu'il est prévenu d'avoir commis un assassinat, et qu'on soupçonne qu'instruit à tems qu'on devait l'arrêter, il a pris la fuite, en faisant vendre sa mai-

son par un affidé chargé de pouvoir.
— Mais une jeune personne qui y avait
un appartement, qu'est-elle devenue?
— Je l'ignore de même.... à propos,
continua-t-il, ne vous nommez-vous
pas *Bernardin*? — Il est vrai, repris-je.
— Eh bien! voici une lettre qu'un inconnu m'a chargé de vous remettre
aussitôt que vous vous présenteriez.

C'était l'écriture de *Virginie* : une
joie secrète s'empara de mes sens. J'ouvre la lettre avec précipitation : qu'ap-
perçois-je!..... six lignes seulement;
mais d'un style dont le souvenir me
glace encore d'effroi!...

» Monsieur, le tems et votre absence
ont détruit en moi un goût passager,
que n'approuvait point la raison: re-
venue d'un égarement trop commun
parmi les jeunes personnes sans expérience, et commençant à jouir maintenant d'un calme heureux avec un
époux que j'aime, j'ose espérer qu'en

quelqu'endroit que vous appreniez que
j'habite , vous ne troublerez désormais
en aucune manière, le repos que me
promet celui qui fait toute ma félicité.

Virginie ».

La perfide, m'écriai-je ! ce n'est
point assez pour elle de déchirer mon
cœur en m'apprenant qu'elle ne m'aime
plus !.... Elle veut par un trait plus en-
venimé aggraver mes maux; elle me
dit qu'elle en aime un autre, qu'elle
est son épouse, que je n'ai plus de droits
sur elle !... Ah! que ne m'épargnait-
elle cette cruelle lettre!... que ne me
laissait-elle plutôt toute ma vie dans
une erreur qui m'aurait été si chère!....
Combien j'aurais eu de plaisir à la
croire innocente, à justifier son éloi-
gnement, à ne point être forcé de lui
retirer mon estime !.... O femmes ! c'est
donc là le prix trop fréquent que vous
accordez à l'amour le plus sincère, à la
passion la plus vive, au sacrifice que

nous vous faisons souvent de notre personne, de nos biens, de nos parens,
de nos amis, de tout ce que nous avons
de plus cher !....

Je louai dès le même jour un cabi-
net dans un hôtel garni, et m'y
enfermant comme dans un tombeau,
j'y passais les jours et les nuits à pleu-
rer.... Je ne voyais personne, je ne
mangeais point : je voulais mourir.....

CHAPITRE XVIII.

L'hospice.

J'EUS une fièvre violente, accompagnée de délire, qui dura plusieurs jours, et pendant laquelle, suivant ce que j'ai su depuis, je ne parlais que de *Virginie*; ce ne fut qu'à force de potions calmantes qu'on parvint à me rendre la connaissance...

Le premier usage que j'en fis fut de demander à voir le médecin qui me traitait; il vint et parut enchanté de me trouver mieux.... Ah! monsieur, lui dis-je, en me rendant l'existence, vous me faites un cruel présent, il m'eût été mille fois plus doux de mourir. — Mon ami, me dit-il avec douceur, l'existence d'un homme est plus précieuse à mes yeux qu'elle ne l'est à ceux de beaucoup de mes confrères; les efforts de tous les hommes ensemble

ne suffiraient pas pour rendre la vie à
un de leurs semblables ; d'après cela,
pensez-vous qu'on puisse prendre trop
de précautions pour la conserver à
ceux qui sont en danger de la perdre?..

Je le remerciai des soins qu'il avait
eu pour moi. Ma fièvre dura un mois
entier : cet homme vraiment estima-
ble ne passa pas un jour sans me rendre plusieurs visites, pendant lesquelles
il charmait les ennuis que j'éprouvais,
par les agrémens de sa conversation
enjouée et savante tout-à-la-fois.

Mes ressources étaient épuisées et
ma maladie encore loin de son terme ;
je pris la résolution de me faire transporter dans un hospice. Le charitable
médecin m'y recommanda lui-même à
plusieurs de ses amis qui y exerçaient
leurs fonctions, et pendant tout le
tems que j'y demeurai, je n'eus qu'à
me louer de la manière satisfaisante
avec laquelle j'y fus traité. Cependant,

34

je souffrais intérieurement de ne pouvoir achever ma guérison chez moi; un certain dégré d'amour-propre me disait que je n'étais pas à ma place. Je ne le cachai point à ceux qui m'entouraient ; tous cherchèrent à me persuader que j'avais tort, et chacun d'eux en particulier convenait que la seule nécessité le forçait d'y rester.

Le garçon de salle, chargé du soin de nous servir, paraissait humain et avait pris quelque intérêt à ma situation; il faisait tous ses efforts pour la rendre moins pénible. Il m'avait raconté l'histoire de presque tous les malades, et chaque jour sa complaisance allait jusqu'à interroger tous ceux qui m'entouraient, dans l'unique dessein d'éloigner de moi l'ennui, ce funeste ennemi des infortunés que la misère ou quelque autre cause oblige de se réfugier dans de semblables lieux.

Un jour on amena dans la salle où

j'étais, un jeune homme dont la maladie ou plutôt le délire, provenait du plus horrible artifice. Il avait été trouvé étendu là a porte de l'hospice, blessé d'un coup de feu, et dans un état tel que ses discours et les réponses aux demandes qu'on lui fit, paraissaient être le résultat d'une imagination bouleversée. On le transporta dans un lit, on lui administra les secours les plus prompts, et ce ne fut que long-tems après qu'on apprit de lui ce qui suit :

Il se nommait *Saint-Charles* : il était d'une famille honnête et distinguée, et faisait sa cour à la fille d'un négociant. Les deux familles également considérées dans la ville, avaient vu avec plaisir se former une liaison commencée sous les plus heureux auspices et dont l'objet n'avait rien que de légitime. Ils consentirent volontiers à l'union des deux jeunes gens et le jour en fut fixé.

Cet instant arrivé, les familles se rassemblèrent chacune de leur côté, en attendant l'heure de la cérémonie. *Caroline* (c'est le nom de la jeune personne) achevait de se parer, plus encore des roses de la pudeur que des superbes vêtemens que ses parens lui avaient choisis, lorsqu'une jeune femme dont le maintien annonçait le trouble et l'inquiétude, demande à lui parler en particulier; elle est introduite : elle remet à *Caroline* une lettre et disparaît (1).

Celle-ci l'ouvre devant ses parens et croit reconnaître l'écriture de son futur époux. Quel est son étonnement lorsqu'elle y voit que ce jeune homme, -désespéré d'avoir acquis de funestes lumières sur l'engagement qu'il allait

______

(1) On a su depuis que cette lettre fut écrite par une ancienne amante délaissée de *Saint-Charles* pour empêcher son mariage avec *Caroline*; on verra qu'elle n'y a que trop bien réussi.

contracter, y renonce pour jamais !...

La jeune fille s'évanouit; on la fait revenir à force d'eaux spiritueuses. Tandis que les parens s'indignent du procédé de *Saint-Charles*, la malheureuse *Caroline*, atterrée de nouveau par ce coup foudroyant, relit la lettre fatale, sort, sans instruire qui que ce soit du projet cruel qu'elle a formé, gagne les mansardes de la maison, et poussée par le plus violent désespoir, se pend.

A peine s'est-on apperçu de la disparution de *Caroline*, que le jeune *Saint-Charles* arrive avec sa famille : la joie pétille dans ses regards; déjà il demande avec empressement celle dont le sort va le rendre heureux possesseur... On parcourt tous les appartemens avec le plus grand soin, et après mille recherches infructueuses, *Saint-Charles* lui-même découvre le lieu qui recèle le corps inanimé de celle qu'il adore !...   36

Qu'on se peigne s'il se peut son délire; l'accablement et le silence le plus effrayant succèdent aux cris déchirans que lui ont arrachés sa douleur et son désespoir !....

Il chercha plusieurs fois à tromper la vigilance de ceux qui veillaient sur ses jours, et l'empêchaient d'attenter à sa vie. Arrivé dans la maison de ses parens, un chirurgien fut appelé. On le mit ensuite au lit, où une fièvre continue ne le quitta que long-tems après. Cependant, sa jeunesse et la force de son tempérament agirent puissamment sur lui : il se trouva en état de sortir, et il ne fit usage de cette faculté que pour chercher les lieux solitaires, où on ne manquait jamais de l'accompagner, parce qu'il semblait n'avoir pas recouvert toute sa raison.

Un jour cependant, il se déroba à toute sa famille, et courut s'ensevelir comme il avait coutume, dans le lieu le plus sombre de la forêt prochaine. Là, il s'imagina voir le cadavre de son amante, il s'agenouilla et pleura long-tems en croyant lui parler: puis tout-à-coup il se releva avec fureur, et tirant de sa poche un pistolet, il se le porta au front: le coup partit et ne fit que le blesser. Sa raison reparut au moment de cette action; il voulut regagner la maison de ses parens; mais épuisé par la quantité de sang qu'il avait répandu, il tomba sur le seuil de cet hospice, où heureusement on fut à même de lui porter des secours.

Le lendemain, ses parens vinrent l'enlever pour lui procurer un asyle plus commode: il les embrassa avec transport, leur demanda pardon des peines qu'il leur avait causées, et partit.

Ce jeune homme m'intéressa vivement; je regrettai en quelque façon qu'il nous fût enlevé sitôt, sans que j'eusse le tems de lier connaissance avec lui.

Dans le lit voisin de celui que j'occupais, était un moribond que son état de faiblesse avait jusqu'alors empêché de parler. Un jour qu'il se sentit mieux que de coutume, il m'adressa la parole en ces termes :

Z A M O R, *Nouvelle Orientale.*

Vous vous plaignez jeune homme, me dit-il, du destin qui vous force à végéter ainsi dans un hôpital ; mais jugez de quels tourmens je dois être atteint, en apprenant que malgré les richesses immenses dont je devrais être possesseur, les honneurs et les dignités dont je devrais être comblé, j'ai la certitude cruelle de finir ici une carrière semée de tant de traverses ».

Il lut sur mon visage l'étonnement que son discours me causait, et poursuivit ainsi :

„ Je me nomme *Zamor*, et je suis fils d'un pacha de Smyrne, en grande considération dans l'Asie. Mon père, dès mes premiers ans, me rendit habile dans tous les exercices auxquels on livrait alors la jeunesse du pays. A dix-huit ans, je voyageai en Egypte pour mon instruction. Destiné à l'art militaire, on me fit subir les fameuses épreuves du *feu*, de la *terre*, de *l'eau* et de *l'air*(1). Je fus ensuite en Grèce et en Béotie, où je consultai l'oracle de *Trophonius* (2), qui se rendait dans

(1) Voyez *l'histoire du Ciel*, tome 1 , chap. 44.
Voyez aussi ce qu'en dit *Ducray-Duminil*, dans son roman de *Petit-Jacques et Georgette*.

(2) *Trophonius* n'était qu'un simple héros ; mais ses oracles se rendaient avec autant de cérémonies que ceux de certains dieux.

Avant que de descendre dans l'antre de *Trophonius*, il fallait passer un certain nombre de jours dans une espèce de petite chapelle qu'on appelait du *bon génie* : pendant ce tems, on recevait des expiations de toutes sortes ; on s'abstenait d'eaux chaudes ; on se lavait souvent dans le fleuve Hircinas, on sacrifiait à *Tropho-*

un antre affreux, sur le sommet d'une
roche escarpée, et dont nul mortel

---

nius et à toute sa famille, à Apollon, à Jupiter sur-
nommé Roi, à Saturne, à Junon, à Cérès-Europe,
nourrice de *Trophonius*, et on ne vivait que de chairs
sacrifiées. Les prêtres sans doute ne vivaient aussi
d'autre chose. Il fallait consulter les entrailles de toutes les victimes pour voir si *Trophonius* trouvait bon
que l'on descendît dans son antre ; mais quand elles
auraient été toutes les plus heureuses du monde, ce
n'était encore rien ; les entrailles qui décidaient étaient
celles d'un certain bélier, qu'on immolait en dernier
lieu. Si elles étaient favorables, on vous menait la
nuit au fleuve Hircina s. Là, deux jeunes enfans de
douze à treize ans vous frottaient tout le corps d'huile.
Ensuite on vous conduisait jusqu'à la source du fleuve,
et on vous y faisait boire de deux sortes d'eaux ; celles
de *Léthé*, qui effaçaient de votre esprit toutes les
pensées profanes qui vous avaient occupé auparavant,
et celles de *Mnémosine*, qui avaient la vertu de vous
faire retenir tout ce que vous deviez voir dans l'antre
sacré. Après tous ces préparatifs, on vous faisait voir
la statue de *Trophonius*, à qui vous adressiez vos prières: on vous revêtait d'une tunique de lin ; on vous
mettait de certaines bandelettes sacrées ; et enfin vous
alliez à l'oracle.

L'oracle était sur une montagne, dans une enceinte
faite de pierre blanche, sur laquelle s'élevaient plusieurs pyramides d'airain. Dans cette enceinte était

n'approchait qu'en tremblant. Je fus contraint de me prêter à toutes les cérémonies superstitieuses (3) qu'on exigea de moi. Les réponses de *Tropho-*

---

une caverne taillée de main d'homme, et de la figure d'un four. Là, s'ouvrait un trou assez étroit, où l'on descendait par de petites échelles. Quand on y était descendu, on trouvait une autre petite caverne, dont l'entrée était fort étroite. On se couchait à terre ; on prenait dans chaque main de certaines compositions de miel, qu'il fallait nécessairement porter ; on passait les pieds dans l'ouverture de la petite caverne, et aussitôt on se sentait emporté au-dedans avec beaucoup de force et de vitesse.

C'était là que l'avenir se déclarait ; mais non pas à tous d'une même manière. Les uns voyaient, les autres entendaient. Vous sortiez de l'antre, couché par terre comme vous y étiez entré, et les pieds les premiers. Aussitôt on vous mettait dans la chaire de *Mnémosine*, où l'on vous demandait ce que vous aviez vu ou entendu. Delà, on vous ramenait dans cette chapelle du *bon génie*, encore tout étourdi et tout hors de vous ; vous repreniez vos sens peu-à-peu, et vous recommenciez à pouvoir rire, car jusques-là la grandeur des mystères, et la divinité dont vous étiez rempli, vous en avaient empêché.

(3) Quel loisir n'avaient pas les prêtres, pendant tous ces différens sacrifices qu'ils faisaient faire, d'exa-

nius me furent interprêtées par les prêtres, qui m'assurèrent que par-tout

---

miner si on étoit propre à être envoyé dans l'antre ? car assurément *Trophonius* choisissait ses gens et ne recevait pas tout le monde. Combien toutes ces ablutions, ces expiations, ces voyages nocturnes, ces passages dans des cavernes étroites ou obscures, remplissaient-elles l'esprit de frayeur et de crainte ? Combien de machines pouvaient jouer dans ces ténèbres ? Cependant *Pausanias* nous dit qu'il n'y a jamais eu qu'un homme qui soit entré dans l'antre de *Trophonius* et qui n'en soit pas sorti. C'était un certain espion que *Démétrius* y envoya, pour voir s'il n'y avait pas dans ce lieu saint quelque chose qui fût bon à piller. On trouva loin de là le corps de ce malheureux, qui n'avait point été jetté dehors par l'ouverture sacrée de l'antre. L'histoire de cet espion nous apprend, quoiqu'il en soit, qu'il n'y avait pas de sûreté dans l'antre pour ceux qui n'y apportaient pas de bonnes intentions ; et de plus, qu'outre l'ouverture sacrée, qui était connue de tout le monde, l'antre en avait une secrète, qui n'était connue que des prêtres. Quand on s'y sentait entrainé par les pieds, on était sans doute tiré par des cordes, et on n'avait garde de s'en appercevoir en y portant les mains, puisqu'elles étaient embarrassées de ces compositions de miel, qu'il ne fallait pas lâcher. Ces cavernes pouvaient être pleines de fumées ou d'odeurs qui troublaient le cerveau. Ces eaux de *Léthé* et de *Mnémosine* pouvaient aussi je commanderais à la victoire , et que je pouvais sans aucun danger pour ma personne embrasser le métier des armes. Comptant plus sur mon courage que sur la foi de l'oracle, je retournai à Smyrne, où mon père me donna le commandement d'une armée formidable qui devait marcher sur Rho-

---

être préparées pour le même effet. Je ne dis rien des spectacles et des bruits dont on pouvait être épouvanté ; et quand ou sortait de là tout hors de soi, on disait ce qu'on avait vu ou entendu à des gens qui, profitant de ce désordre, le recueillaient comme il leur plaisait , y changeaient ce qu'ils voulaient, ou enfin en étaient toujours les interprêtes.

Ajoutez à tout cela, que de ces oracles qui se rendaient par songes, il y en avait auxquels il fallait se préparer par des jeûnes ; que si vos songes ne pouvaient recevoir aucune interprétation apparente , on vous faisait dormir de nouveau dans le temple ; que l'on ne manquait jamais de vous remplir l'esprit d'idées propres à vous faire avoir des songes où il entrât des dieux et des choses extraordinaires, et qu'on vous faisait dormir le plus souvent sur des peaux de victimes, qui pouvaient avoir été frottées de quelque drogue qui fît son effet sur le cerveau. (*Voyez Fontenelle.*)

des, pour en chasser les Sarrazins qui l'avaient envahie. Les forces avec lesquelles j'entrepris le siége de cette île étaient si considérables, que je ne pouvais manquer de réduire la place. Mon armée navale était de quatre cents voiles, et mes troupes de débarquement de près de deux cent mille hommes, parmi lesquels on comptait soixante mille mineurs, occupés jour et nuit à creuser la terre (4).

Dans la ville, il n'y avait que six mille hommes de guerre ; cependant, quelque faible que fût cette garnison, elle fit une vigoureuse résistance. La ruine entière de ses bastions et ses rémparts bouleversés par mes gens, n'étonna point le brave général qui la commandait, et ne lui fit jamais perdre ce sang-froid imperturbable qui le ca-

____

(4) Chacun sait qu'il n'y a point de gens au monde comme les turcs pour remuer promptement la terre.

ractérisait. A mesure que mes soldats forçaient un retranchement, ils en trouvaient toujours de nouveaux qu'il avait eu le soin de faire construire ; ce qui arriva tant de fois que la ville se trouva enfin réduite à la moitié de son étendue. Le général, fidèle à ses vœux et à son honneur plus qu'à sa propre vie, ne pouvait se résoudre à capituler, et il ne l'eût jamais fait s'il n'y avait été contraint par les remontrances et les prières des habitans, qui lui firent comprendre que s'il ne voulait pas le faire, ils trouveraient le moyen d'y donner ordre eux-mêmes. D'ailleurs, les munitions étaient presque toutes consumées, la plupart des soldats tués, et la place hors d'état d'une plus longue défense. Il consentit donc à parlementer. Je ne finirai point l'histoire de ce mémorable siége sans vous faire le récit d'une de ses plus remarquables circonstances. Vous y verrez un funeste

exemple d'un courage héroïque, changé en fureur par l'effet d'un amour
désespéré, mêlé d'une pitié aveugle et
inhumaine.

Une dame grecque de la ville de
Rhodes aimait tendrement, depuis
plusieurs années, un jeune officier qui
avait commandé le fort de Rhodes.
Il eut le malheur de perdre la vie en
combattant généreusement pour la défense de son poste. Aussitôt que cette
amante infortunée en fut instruite, elle
courut précipitamment à sa maison,
où elle trouva deux jeunes enfans,
fruits infortunés de son amour. Péné-
trée de la plus vive douleur et du plus
affreux désespoir, elle les embrasse
tendrement, les presse contre son cœur,
les arrose de ses larmes maternelles :
» Vives images de votre père, leur dit-
elle, et les plus chers gages que j'aie eu
de son affection, serait-il possible qu'é-
tant nés d'un père aussi illustre, et

d'une mère passionnée d'amour pour lui, vous servissiez, maintenant que notre ville est prise, d'objet aux infâmes plaisirs des turcs? Non, non, mes chers enfans, vous suivrez plutôt la fortune de votre père et la mienne qui s'approche; que la fin de nos infortunes prévienne les malheurs que je vois naître sur vous. » En achevant ces paroles, elle leur donna un dernier baiser, et se saisissant avec rage d'un couteau, elle le leur plongea dans le sein; puis courant à la brèche où était le corps de son amant, elle se jetta sur ce cadavre inanimé et le tint long-tems embrassé. Elle lui ôta ensuite ses armes, les prit, et pour exécuter la ferme résolution qu'elle avait de mourir, elle se précipita au milieu de mes soldats, où elle combattit comme une lionne en fureur, jusqu'à ce qu'enfin, couverte de blessures et ayant perdu tout son sang, elle tomba morte, immolant un nombre considérable de turcs' aux mânes de son amant, à ceux de ses enfans et aux siens (5).

---

(5) Cet exemple n'est pas le seul d'une fermeté héroïque parmi des femmes.

A la bataille mémorable de Salamine, personne du côté des Perses ne s'acquit plus de gloire qu'*Arthémise*, reine d'Halycarnasse. Elle se signala par des efforts incroyables de hardiesse ; ensorte que *Xercès* la voyant ainsi combattre, s'écria que dans cette journée les hommes avaient paru des femmes, et que les femme, avaient moutré un courage de héros. Les athéniens, indignés de ce qu'une femme avait osé venir porter les armes contr'eux, avaient promis dix milles dragmes de récompense à quiconque la leur livrerait ; mais l'adroite guerrière échappa à leurs vives poursuites. Un vaisseau athénien la serrait de près : il paraissait qu'elle ne pouvait plus éviter de se rendre ; en ce moment elle arbore le pavillon grec, attaque un vaisseau des Perses monté par *Damasithynus*, roi de Calynde, avec qui elle avait eu une querelle, et le coule à fond, ce qui fit croire à ceux qui la pressaient que son vaisseau était du parti des grecs, et ils ne songèrent plus à l'attaquer.

En 1738, les anglais, sous la conduite du capitaine *Tinet*, guerrier intrépide, se présentent devant Alfuro, ville de la Navarre. La place, que sa garnison avait abandonnée, semblait offrir une conquête facile.

CHAPITRE XIX.

Suite de Zamor.

JE demeurai quelque tems à Rhodes : c'est alors qu'un dragon monstrueux, qui se retirait aux environs de cette

---

Déjà les assaillans se flattaient d'un riche butin : ils s'approchent. Quelle est leur surprise de trouver les portes fermées, et les remparts remplis d'une armés d'amazones, qui avaient pris le soin de défendre leur patrie ! leur contenance fière et courageuse intimide les ennemis, et le général anglais, frappé comme d'un coup de foudre, en voyant l'ordonnance guerrière de ces héroïnes, s'écrie : » Voilà de » braves femmes ! retournons en arrière, nous n'avons » rien fait. »

Un aventurier anglais, voulant signaler sa valeur par quelque exploit remarquable, vint, pendant une nuit obscure, escalader le château de Pontorson , en basse Normandie. Déjà il avait dressé quinze échelles contre les murs de la tour, lorsque *Julienne Duguesclin*, éveillée par le bruit des ennemis qui montaient à la hâte, se jette hors de son lit, prend la première armure qu'elle trouve, monte sur le haut de la tour, et voyant les échelles, dont les Anglais n'avaient pas encore gagné les derniers échelons, elle ville, dans un trou nommé la caverne de *Maupas*, faisait de si grands ravages qu'il n'y avait aucune sûreté dans la campagne; son haleine seule infectait les environs, et ses écailles étaient si dures, qu'il n'y avait point d'arme qui pût l'offenser. Il était de la grosseur d'un cheval et sa tête était proportionnée à sa taille. Il avait les oreilles d'un mulet, les dents d'un poisson, extrêmement longues et aiguës, la gorge large, les yeux caves et ardens. Sur son dos, paraissaient deux petites aîles jaunes et vertes, et ses jambes ainsi que sa queue, étaient semblables à celles d'un lézard.

Les habitans crurent qu'il était de leur honneur et de leur devoir de ne

les renverse par terre en criant : *allarme !* L'aventurier, se voyant découvert, prend le parti de la retraite ; mais il est fait prisonnier par *Duguesclin*, frère de notre héroïne, qui commandait le fort, et qui était absent lors de l'entreprise. (*Voyez le Dict. hist.*)

pas souffrir des ravages de cette nature sans y remédier. Ils sortirent donc de la ville à diverses fois, et en assez bon nombre pour le combattre : j'étais à leur tête ; mais toutes les armes se trouvant inutiles contre la peau impénétrable du dragon, il fut toujours victorieux , et presque tous les malheureux habitans qui avaient osé l'attaquer lui servirent toujours de proie.

Je fus forcé de défendre formellement à qui que ce fût, de combattre le dragon : mais en même tems je formai le projet de délivrer Rhodes de ce monstre; je savais par expérience combien cette entreprise était difficile et dangereuse, parce que de tout le corps du dragon, il n'y avait que le ventre et les yeux qui fussent assez tendres pour être offensés. Sachant aussi qu'il était presque impossible de le toucher là, je crus qu'il était nécessaire de joindre l'adresse et la ruse à la force. Je vins en

France, où je fis faire un dragon arti-
ficiel à-peu-près semblable à celui de
Rhodes, et j'inventai une machine par
le moyen de laquelle je faisais élancer
ce faux dragon de la même manière
que j'avais vu faire au véritable. Ensuite je dressai avec soin deux chiens
à se jetter sur le dragon au moment où
il s'élançait, et à le saisir par le ventre
sans lâcher prise, quelques efforts qu'il
fît pour s'en débarrasser, jusqu'à ce
que moi-même, je leur ordonnasse de
quitter; et en même-tems j'accoutumai
mon cheval à ne point s'effrayer de ce
manége. Quelque tems après, je retournai à Rhodes, et sans rien communiquer de mon dessein à personne, je pris
seulement avec moi quelques-uns de
mes gens les plus affidés, mon cheval,
mes dogues et de bonnes armes, et en
cet équipage je me rendis auprès de la
fatale caverne, qui avait servi de tombeau à tant de braves.

Je postai mes gens sur une petite hauteur, d'où ils pouvaient aisément voir le combat, et être à portée de me secourir, en cas qu'il en fût besoin. Mais comme je ne voulais point risquer leur vie mal-à-propos, je leur commandai, si je venais à périr, de se retirer doucement à la ville, et de ne rien témoigner à personne de ce qu'ils auraient vu. Cet ordre donné, je m'avance courageusement vers la caverne, armé de toutes pièces, monté sur mon cheval, et siuvi de mes chiens fidèles. Aussitôt que le monstre m'apperçoit, il s'élance furieux, bat la terre de sa queue et jette le feu par les narines. Je lui présente la pointe de ma lance, il s'en frappe rudement à l'épaule; mais le fer, de quelque bonne trempe qu'il fût, ne put y faire la moindre blessure, et la lance vola en pièces. Je ne m'en étonne point, et piquant des deux avec promptitude, je fais changer mon cheval de place si à propos que j'évite l'atteinte du dragon. Cependant j'anime mes chiens, qui voyant le monstre s'élancer une seconde fois, se jettent sous lui, et le saisissant tous deux par le ventre, le contraignent de tomber à terre avec un sifflement épouvantable. Dans ce même moment je descendis de cheval, et courant sur le dragon, je lui enfonçai mon épée dans la gorge à diverses reprises. Aussitôt mes gens accoururent, et après m'avoir aidé à me dégager de dessous le monstre, ils lui coupèrent la tête qu'ils portèrent en triomphe jusques à Rhodes, où ils l'attachèrent ensuite à une des portes de la ville.

Cette action m'attira non-seulement l'estime, mais encore la reconnaissance publique. Je fus élu grand-maître des chevaliers qui y furent formés, et malgré mes instances, on m'érigea une statue de bronze, où l'on crut ne pouvoir rien graver de plus glorieux pour moi que ces mots : *Draconis extinctor.*

Les arts et les sciences fleurissaient à Rhodes ; mais entr'autres la peinture y parut dans son plus grand lustre. Les artistes y étaient surtout très-modestes, puisque *Protogènes*, fameux peintre, avoua ingénuement qu'*Apelles* le surpassait en science (1).

Il y avait mille statues érigées à

______

(1) En voici le sujet. *Apelles* ayant vu quelques tableaux de *Protogènes*, vint exprès à Rhodes pour le voir, et pour lier amitié avec lui. Dès qu'il eut mis pied-à-terre dans l'isle, il fut chez cet artiste, mais il ne le trouva point. Il se contenta de prendre un pinceau et de tirer un trait si fin sur une toile d'attente qui était là, que *Protogènes*, de retour, le reconnut pour être de la main d'*Apelles*. Il l'admira, et poussé d'une noble émulation, il prit le même pinceau, et en fit un autre encore plus délicat, donnant ordre en même-tems de le faire voir à *Apelles* quand il reviendrait. *Apelles* le vit donc le lendemain ; mais loin de se sentir découragé, il s'anima pareillement au combat, et résolu d'emporter la victoire, il fit un troisième trait coupant les deux premiers, qui la lui donna effectivement. *Protogènes* confessa qu'il était impossible de faire mieux.

Rhodes, ce qui fait assez connaître combien la sculpture y était en recommandation. Ce fut par un effet de ce goût excessif pour les arts, qu'ils élevèrent le fameux colosse (2), qui fut autrefois la gloire et l'ornement de Rhodes et une des sept merveilles du monde.

Ce tableau, qui ne contenait en tout que trois traits ou lignes, fut gardé depuis fort curieusement dans les cabinets des grands princes, et *Auguste* l'estimait autant qu'aucune des meilleures pièces qu'il eût.

(2) *Strabon*, *Pline* et plusieurs autres en ont parlé comme d'une chose digne de foi ; je ne prétends point révoquer en doute l'existence du Colosse ; mais ne savons-nous pas combien les auteurs se plaisent à débiter du merveilleux ? C'était particulièrement le défaut des anciens ; et quand un écrivain de quelque poids a avancé un fait, tous ceux qui le suivent semblent se faire un plaisir d'affirmer ce qu'il a dit. Cependant ils ne sont point d'accord sur l'article dont il s'agit. Les uns veulent que *Charès*, disciple de *Lysippe*, ait été l'ingénieur du Colosse ; les autres disent que ce fut un *Lacches*. Les uns assurent avec *Strabon* et *Pline*, qu'il n'avait que 70 coudées de haut, les autres le font aller jusqu'à 8o, et quelques autres mêmes jusqu'à 5oo.

Élevé comme je l'étais, au faîte des
grandeurs, j'étais trop comblé de mon

Munster le place sur une colline voisine de la vil'e,
et les autres soutiennent qu'il était à l'entrée du port.
Examinons la chose de plus près, et supposons que le
Colosse eût 80 coudées, qui est la plus grande hauteur
que les historiens les plus croyables lui donnent. Une
coudée porte 18 pouces au plus; 80 coudées ne font
donc à la rigueur que 120 pieds : or, l'entrée du port
de Rhodes ayant 324 pieds d'une terre à l'autre, dans
l'endroit où naturellement le Colosse devait avoir les
pieds, il fallait pour une ouverture de cette grandeur,
une figure de 500 pieds de hauteur; chose vraiment
inconcevable qu'on ait pu fondre une pièce semblable.
Je sais que l'on prétend qu'elle a été élevée morceau
par morceau, comme un édifice, et que ce n'était proprement que de la pierre revêtue de bronze; mais
qu'on le prenne comme l'on voudra, il n'y a pas plus
de possibilité de cette façon que de l'autre.

La plus grande des pyramides d'Egypte, n'a pu être
poussée à plus de 520 pieds de hauteur, et la tour de
Strasbourg, qui peut-être n'a jamais eu de pareille,
ne passe pas 560 pieds. Cependant, ces bâtimens, quelques admirables qu'ils soient, ont des fondemens et
des bases suffisantes pour en soutenir tout le poids.
Mais cette énorme figure dont on nous parle devait
être beaucoup plus grosse du haut que du bas; je ne
parlerai point de l'équilibre si nécessaire dans un pa-
reil bâtiment, et pourtant si difficile à lui donner : je

bonheur présent pour m'occuper de l'avenir. Hélas! un coup du sort vint

---

veux venir à des raisons plus sensibles. On dit que ce colosse étant tombé par un tremblement de terre, les Sarrazins le rompirent, et vendirent le bronze qu'ils en tirèrent à un juif, qui l'emporta à Antioche. La plus commune opinion est que 900 chameaux furent chargés de ce métal. Mais en quel endroit tomba-t-il ? ce ne fut sans doute pas du côté de la terre puisque ses deux pieds lui servaient d'appui. Il tomba donc dans la mer ; et de cette façon, voilà l'entrée du port de Rhodes bouchée, le commerce de l'isle absolument nul, et la ville devenue déserte par ce moyen. Cependant, lorsque les Sarrazins y vinrent, elle était florissante, et son port aussi bon et aussi fréquenté qu'aujourd'hui. Ce qui m'étonne le plus après cette réflexion, c'est le mauvais calcul qu'on fait du poids du bronze de cette statue. Comment 900 chameaux, qui ne portent que cinq à six quintaux chacun, ont-ils pu le transporter tout entier ? c'est une absurdité. Mais admettons avec *Scaliger* que ces animaux peuvent porter jusqu'à dix quintaux, il s'ensuivrait toujours que le bronze de cette statue n'aurait pas pesé plus de 900 mille livres. Qu'on fasse ensuite réflexion sur la quantité de métal qu'il a fallu pour la fabriquer, et on trouvera que chaque pied de sa hauteur devait peser, l'un dans l'autre, plus de 3000 livres ; puisqu'un morceau de ce métal ayant seulement un pouce d'épaisseur et un pied quarré, pèse plus de 50 livres ; or, détruire cette satisfaction dont je commençais à jouir. J'appris que mon père, après avoir été disgracié, s'était réfugié en Espagne avec une sœur que j'avais, et qu'ayant rassemblé les débris de sa fortune, il en avait acheté un petit domaine, où il vivait entièrement ignoré, La voix de la nature me cria avec force qu'il ne m'était pas permis de passer mes jours dans l'opulence quand mon père était malheureux : j'abjurai le

---

selon la proportion , il en eût assurément fallu beaucoup plus de 60 morceaux pour revêtir le Colosse dans sa circonférence , ce qui fait déjà 1500 mille livres pesant , sans compter le surplus.

Presque tous les auteurs rapportent que les vaisseaux passaient à voiles déployées entre les jambes du Colosse pour entrer dans le port , et comme les grands vaisseaux d'aujourd'hui ne portent pas moins de 85 ou 100 pieds de mâture, voilà d'où vient la prétendue hauteur du Colosse. Mais qui nous dit qu'en l'an 656 , époque où il fut renversé , les vaisseaux n'étaient pas de beaucoup inférieurs à ceux de nos jours ? Le terme de l'incertitude à cet égard, sera le commencement de la solution de ce problème.

42

faste, je renonçai à la dignité de Grand-maître dont je ne pouvais revêtir mon père, et courant près de lui, je lui offris mon courage pour travailler à reconquérir ses droits. Il fut charmé de me voir ; mais il refusa mes offres. Je préfère maintenant, me dit-il, une médiocrité où je trouve les douceurs de la paix, à une grandeur incompatible avec le bonheur et la philosophie.

Zulime, (c'est le nom de ma sœur) me fut ensuite présentée..... Dieux ! qu'elle me parut belle ! elle avait seize ans, et l'amour s'etait plu à l'enrichir de tous ses dons les plus rares et les plus précieux. J'en fus vivement frappé ; je laissai échapper un soupir.... Bientôt, me reprochant des sentimens trop tendres, je rougis de ma faiblesse et fis des efforts pour me borner à la douce amitié... soins superflus ! Je m'éloignai, mais l'absence ne fit qu'augmenter en moi cette fatale passion. Je

revins enfin près de mon père, ou plutôt près de *Zulime*, je la trouvai plus
charmante, et ce ne fut qu'avec une
peine infinie que je parvins à déguiser
mes sentimens.

Mon père s'absenta pendant quelque
tems pour certains embellissemens
qu'il voulait faire à une petite campagne dont il était possesseur. De retour,
il m'engagea à y aller passer la belle
saison avec *Zulime*; j'acceptai avec
joie. Pour lui, il resta à Madrid, où il
avait encore quelques affaires.... Effets
surprenans et terribles d'un amour il-
licite!... le dirai-je?.... pour avoir le
tems de découvrir à ma sœur, sans la
choquer, le trouble qu'elle avait fait
naître en moi, je suscitai à mon père
des embarras, des entraves, qui le re-
tinrent à Madrid beaucoup plus long-
tems qu'il ne s'était proposé d'y rester.

Un jour que je surmontai toutes mes
craintes, je fis part à *Zulime* de mon

funeste secret. Cette confidence la ré-
volta. Cependant, elle me promit de
n'en point instruire mon père, sous la
condition expresse que jamais je ne lui
parlerais d'un amour qui l'offensait.
J'écoutais avec une sorte de respect
ses remontrances, et je n'osais lever
les yeux sur elle, tant il est vrai que la
vertu ne perd jamais ses droits! Je re-
nonçais déjà à tous les projets qu'avait
enfantés mon imagination, et j'avais
résolu de renfermer dans mon cœur
une passion que je prévoyais ne devoir
finir qu'avec ma vie; mais un perfide
confident fit éclore en moi les germes
d'une barbarie inouie. Il me représenta
qu'il était honteux pour moi de céder,
et que le vainqueur de Rhodes ne devait pas souffrir les dédains d'une
femme. Votre passion, ajouta-t-il, n'a
rien d'étrange, n'était-il pas même ordonné aux *Incas*, lorsqu'ils avaient
une sœur, de la prendre pour femme?..

Ces raisons me déterminèrent : j'enfermai la malheureuse *Zulime*, qui n'en murmura point. Un jeune Espagnol nommé *Rosalva*, à qui mon père avait promis ma sœur, m'enflamma de jalousie ; je fus instruit par des espions qu'il voyait *Zulime* en secret : je chargeai *Mahmouk* (ainsi se nommait mon confident), du soin de ma vengeance.... Il embusqua des esclaves armés, et un soir que *Rosalva* sortait de chez *Zulime* suivi de son valet, *Mahmouk* fondit sur lui avec ses gens : cet infortuné jeune homme combattit long-tems contre la multitude ; le voyant prêt de succomber, je m'élançai dans la foule pour ordonner qu'on se retirât : mais dans ce moment, je reçus un coup mortel qui me fit tomber sans sentiment : mes gens effrayés oublièrent aussitôt les ordres de *Mahmouk*, pour me porter des secours. Cependant *Rosalva* et son valet avaient pris la fuite; aussitôt que j'eus repris connaissance, j'envoyai des esclaves à leur poursuite, tandis qu'on me préparait une espèce de palanquin, pour me transporter chez mon père, où j'avais ordonné qu'on me conduisît.

Chapitre XX.

Suite de ZAMOR.

ROSALVA et son valet se voyant poursuivis par des gens armés et munis de flambeaux, se réfugièrent dans une ferme où on leur donna l'hospitalité.

Il était jour lorsque j'arrivai chez mon père; il fut touché de mon état et m'en demanda la cause: je crus à propos de dissimuler, et je lui dis que j'avais été attaqué par des brigands dans une forêt où je chassais: j'accompagnai mon récit de circonstances propres à le rendre vraisemblable. Mon père me crut et me donna tous les soins qu'exigeait ma situation: quelque tems après, il reçut une lettre dont la lecture l'affligea beaucoup; je tentai en vain de découvrir la cause de son chagrin, il me la cacha toujours avec un soin extrême. Dans ces entrefaites,

Rosalva se présenta à mon père et lui rendit compte de ma conduite et de l'amour incestueux que j'avais conçu pour ma sœur : » Il est donc vrai, me dit mon père !... jusqu'ici j'avais repoussé toutes les atteintes qu'on avait voulu donner à votre réputation, parce que je les croyais dictées par la calomnie plutôt que par la vérité : cette lettre m'apprenait déjà vos infâmes projets ; mais j'attendais qu'une déposition étrangère à la première confirmât mes doutes.... »

Mon père, lui dis-je, en l'interrompant et tombant à ses pieds, voyez mon repentir, pardonnez-moi. — » Puisse le ciel et votre sœur vous pardonner comme moi ; mais je ferai punir avec la dernière sévérité vos confidens et vos esclaves ».

Mahmouk, instruit du châtiment qu'on lui préparait fut trouver le grand inquisiteur, à qui il déclara tout. Celui-ci, charmé de rencontrer une occasion de signaler son zèle pour la bonne cause, et ne doutant pas qu'une affaire de cette importance ne regardât la religion, nous fit conduire mon père et moi dans les prisons de la ville : bientôt après, il fut décidé dans un conseil secret, que nous serions brûlés vifs. On vint nous lire notre sentence, et on nous dit pour nous encourager qu'une cinquantaine de juifs devaient ce jour-là subir le même sort.... O journée affreuse ! époque trop fatale pour que je puisse en perdre jamais le souvenir !... Je vis s'élever *l'auto-da-fé* qui devait nous ôter l'existence. Une populace nombreuse, assemblée sur la place où devait se faire l'exécution, attendait avec impatience le moment décisif, et semblait craindre de ne pas rassasier assez-tôt ses regards du plaisir cruel qu'on lui préparait... Cependant le ciel n'avait point encore ordonné mon trépas. Lorsque nous fûmes arrivés au lieu du supplice, un violent orage éclata sur nos têtes ; on nous plaça à la hâte sur le bûcher qu'on alluma aussitôt, mais des torrens de pluie s'opposaient au progrès des flammes. Des éclairs effrayans sillonnaient l'air, le peuple tremblant se sauvait avec promptitude : l'inquisiteur même cherchait son salut dans la fuite. Au même instant l'éclair brille, la foudre éclate, renverse les gardes, et remplit l'atmosphère d'une vapeur épaisse et sulphureuse. Des hommes s'approchent de moi le sabre levé : je crois qu'il vont terminer mes jours d'une manière moins cruelle... Quelle est ma surprise ! ils brisent mes liens et veulent m'emmener avec eux, Mon père, m'écriai-je ! que je délivre mon père !.... Ils m'entraînent.

Peignez-vous mon désespoir affreux ; imaginez tout ce que le sort peut susciter de plus terrible, et vous n'aurez qu'une imparfaite idée des tourmens que j'éprouvais.

J'étais à moitié mort, on me jetta dans une voiture, et le lendemain je me trouvai sur une route à vingt lieues de Madrid. J'appris que j'étais sur le chemin de France ; je résolus de me rendre à Paris, persuadé que c'est la seule ville qui offre des secours de tous genres à ceux qui peuvent vivre du travail de leurs mains, quel qu'il soit. Je vécus en route des aumônes diverses que je recevais, et j'arrivai ici accablé de fatigues et sans nulle ressource ; des gens charitables me firent conduire dans cet hospice, où je trouverai sans doute le terme de mes longues douleurs.

Ainsi parla le moribond, et tous ceux qui l'écoutèrent donnèrent des larmes à son infortune.

FIN DU TOME PREMIER.

Les marchands, d'un côté, ne peuvent vendre leurs marchandifes, & les citoyens font réduits à la douleur de ne pouvoir les acheter. Dans cette circonftance critique, quels défaftres dangereux ne menacent pas la nation ?

Jeudi foir la populace ameutée auprès du château des Tuilleries, a forcé la garde nationale & eft entrée forcément dans le jardin. Le prétexte de la violence des hommes révoltés, étoit de fe plaindre aux fénateurs fouverains de la cherté du pain ; mais fans doute le but étoit de diffoudre l'affemblée nationale, dont les délibérations ont en effet été interrompues.

On affure que cette criminelle tentative a été confeillée, fufcitée par les riches magiftrats du parlement & leurs adhérants qui remuent ciel & terre pour annuller le décret de leur fuppreffion. Ils font entendre à la pulace qu'ils foudoyent que c'eft l'affemblée nationale qui maintient la cherté du pain & des autres vivres.

Les impofteurs qu'ils font, ignorent-ils que toute la France eft perfuadée que ce font eux feuls qui ont autorifé la cherté du pain, qu'ils étoient des accapareurs eux-mêmes, qu'ils ont amufé les peuples par des affemblées perpétuelles dont l'objet n'étoit certainement pas l'intérêt que les magiftrats prenoient à leur bonheur.

9 782329 796291